TÜRK ATASÖZLERİNDEN SEÇMELER

(İlköğretim İçin 100 Temel Eser)

Karanfil
YAYINLARI

Kitabın adı	:	Türk Atasözlerinden Seçmeler
Hazırlayan	:	İrfan Tatlı
Editör	:	Mehmet Dikmen
Kapak	:	Ramazan Erkut
Syf.Düzeni	:	Ayhan Ogan
Üretim Sor.	:	Bilal Temur
Baskı/Cilt	:	Sistem Mücellit Matbaacılık 0212 482 11 01-02 Yılanlıayazma Yolu No: 8 Davutpaşa-Zeytinburnu/İstanbul

İstanbul / Eylül 2005
ISBN 975-6195-55-X

KARANFİL YAYINLARI
Alayköşkü Cad. Taşsavaklar Sk. No:2 Kat:2 Cağaloğlu/İST.
Tel: (0212) 511 61 62 (Pbx) Fax: (0212) 520 26 86
www.karanfilyay.com.tr   e.mail: karanfil@karanfilyay.com.tr

© "Karanfil" Yayınları

TÜRK ATASÖZLERİNDEN SEÇMELER

ÖNSÖZ

Atalarımız, tarihin en eski uygarlığını ve değişik yörelerin kendine has halk kültürünü, değer yargılarını, hemen hemen her konuda geleneksel dünya görüşlerini bünyesinde toplamış ve Türklüğün varoluşundan beri halkımıza ışık tutan bilgelik kaynağı uyarı ve öğütler zincirini kendilerinden sonraki kuşaklara miras olarak bırakmışlardır.

Türkçe, atasözleri yönüyle oldukça zengin bir dildir. Halkımız özellikle konuşma dilinde, düşüncesini atasözleri ile destekler.

Türk Atasözlerinden, sizler için derlediğimiz bu seçme sözleri, bir çoğunuz çevrenizdeki insanlardan duymuşsunuzdur, aralarında anlamlarını merak ettikleriniz de olmuştur.

Elinizdeki bu kitapta günlük hayatta en çok kullanılan Türk atasözlerini en özet açıklamaları ile bulabilirsiniz.

Sizin de atalarımızın bize bıraktığı bu mirası, gelecek kuşaklara bırakmanız dileğiyle.

KARANFİL YAYINLARI

Abanın kadri yağmurda bilinir.
Bir şeyin gerçek değeri, ancak ona çok ihtiyaç duyulduğunda daha iyi anlaşılır.

Aça dokuz yorgan örtmüşler, yine uyuyamamış.
Aç olan kimsenin açlığı giderilmedikçe, rahatça uyuyamaz.

Acemi katır kapı önünde yük indirir.
Acemi ve beceriksiz kişi, yapmakta olduğu bir işi, en önemli yerinde bırakır, tamamlayamaz.

Acıkan doymam, susayan kanmam sanır.
Uzun süre bir şeyin yokluğunu çeken kimse, o şeyden ne kadar çok elde ederse etsin, yine kendisine yetmeyeceği duygusunu taşır.

Acılı başta akıl olmaz.
Büyük acı ve üzüntü içinde bulunan bir kimsenin yaptığı işte ve söylediği sözde mantık aranmaz.

Acele işe şeytan karışır.
Bir iş, belli bir süre içinde yapılır. Süresine uyulmadan acele ile yapılan iş, kalitesiz, yanlış ve bozuk olur. Aynı zamanda istenilen sonuç da alınamaz.

Acıkmış kudurmuştan beterdir.
Uzun süre bir nesnenin yokluğunu çeken kimse, kudurmuş gibi o nesneyi elde etmek için saldırır. Gözü o nesneden başka şeyi görmez.

Acındırırsan arsız olur, acıktırırsan hırsız olur.
Bir kimseye olduğundan fazla acır ve başkalarını da acındırırsanız, o kimse arsız olur. Emeğinin karşılığını alamayan kimse de, ister istemez hırsız olur.

Acı patlıcanı kırağı çalmaz.
İşe yaramayan insanın faydalı bir yönü yoktur ki, zararlı etkenler ona dokunsun!

Aç aman bilmez, çocuk zaman bilmez.
Aç insan hiçbir mazeretle susturulamaz. Çocuk da istediği bir şeyi hemen elde etmek ister; beklemeyi, yokluğu bilmez.

Açık yaraya tuz ekilmez.
Acısı ve üzüntüsü olan kimsenin üzüntüsünü artıracak söz ve davranışlardan kaçınılmalıdır.

Aç kurt yavrusunu yer.
Aç insan karnını doyurabilmek için, her kötülüğü işler.

Açma sırrını dostuna, o da söyler dostuna.
Sır, saklanması, gizlenmesi gereken bir şeydir. Bu nedenle sır, dosta bile söylenmemelidir. Söylenirse o da kendi dostuna söyler, böylece sır, sır olmaktan çıkar.

Aç tavuk kendini buğday ambarında sanır.
Yoksul insan, sahip olmak istediği şeylerin ancak hayalini kurarak avunur.

Açtırma kutuyu, söyletme kötüyü.
Her insanın bazı kötü yönleri olabilir. Bunun için bir başkasını kızdırarak, kendimizle ilgili kötü şeylerin ortaya dökül-

mesine neden olmamalıyız.
Aç karın, boş beyin.
Aklını kullanamayan kişi, aç kalır.
Adama dayanma ölür, ağaca dayanma kurur.
İnsan yapacağı işte başkalarının dıştan desteklemesine güvenmemeli, kendi bilgi ve imkânlarına güvenmelidir.
Adamın yere bakanından, suyun sessiz akanından kork.
Duygu, düşünce ve heyecanlarını açığa vurmayan sessiz ve sinsi insandan korkulmalı; birden parlayıp patlayabilir.
Adalet ile zulüm bir yerde durmaz.
Dürüst, namuslu ve iyi huylu kimselerin yaşadığı yerde, haksızlık, kandırma olmaz. Kimse birbirine kötülük etmez.
Adalet mülkün temelidir.
Adaletin olmadığı, kanunların uygulanmadığı toplumlar, uzun süre yaşayamaz.
Adam olana bir söz yeter.
Akıllı kişi, söyleneni hemen anlar.

Ağacı kurt, insanı dert yer.
Kurt ağacı nasıl içten içe yiyerek çürütürse, üzüntü ve dert te insanı aynı şekilde yıpratır ve öldürür.
Ağaç meyvesi olunca başını aşağı salar.
Topluma ve insanlığa yararlı olan erdemli ve bilgili kişiler, kimseye tepeden bakmaz, alçakgönüllü olurlar.
Ağaç yaprağıyla gürler.
İnsan, akrabası, yakınları ve dostlarıyla varlığını gösterir. Bunlar olmazsa, insan toplumda bir varlık gösteremez.

Ağaç yaş iken eğilir.
Her canlı küçükken kolay eğitilir, büyüdükten sonra, ona istenilen şekil verilemez.

Ağır kazan geç kaynar.
Ağırbaşlı insan, olur olmaz şeye kızmaz, çabuk öfkelenmez.

Ağzı açığın malını, gözü açık yer.
Uyanık olmayan insanlar, her şeye kolayca inandıkları için, gözü açık kurnaz kimseler, onları kandırıp ellerindekini almakta zorlanmazlar.

Ağlama ölü için, ağla deli için.
Ağlamakla ölen geri gelmez, ölenin acısı zamanla unutulur. Asıl ağlanacak kişi aklını yitirendir, çünkü delinin acıklı durumu her gün görülür.

Ağır git ki, yol alasın.
Tuttuğu yolda ilerlemek isteyen kimse, ağır ağır, ama güvenilir adımlarla yürümelidir.

Ağlarsa anam ağlar, başkası yalan ağlar.
Kişinin derdini candan paylaşan tek varlık anasıdır. Hiç kimse, ana kadar içten yanmaz. Başkasının üzülmesi, içte değil, yüzdedir.

Ağlamayan çocuğa meme vermezler.
Gerektiğinde sesini yükseltmeyen kimseye, hakkını vermezler. Sesimizi duyurmalı, hakkımızı aramalıyız.

Ahmak olan her zaman düşer.
Akılsız ve beceriksiz kimseler, giriştikleri her işte başarısız olurlar.

Ak akçe kara gün içindir.
Kazanılan paranın hepsi harcanmamalıdır. Bir kısmı kötü günler için saklanmalıdır.

Akıl akıldan üstündür.

Bir konu hakkında ne kadar bilgili olursak olalım, yine de önemli sorunlarda güvenilir, akıllı kimselerin düşüncelerini öğrenmeliyiz.

Akıl bir vezirdir, gönül bir padişah!

İnsanın duyguları düşüncelerinden daha önde gelir.

Akıllı düşman, akılsız dosttan hayırlıdır.

Akılsız kimse, dostu için iyi niyet beslediği halde, yaptığı işin ne gibi kötü sonuçlar doğuracağını düşünemez, bu yüzden zarar verir. Akıllı düşmanla anlaşmak daha güvenlidir.

Akıl kişiye sermayedir.

Akıl; maldan, paradan çok daha önemlidir. Çünkü akıl olmadan ne mal, ne de para kazanılır.

Akılsız başın cezasını ayak çeker.

İyi düşünüp taşınmadan verdiğimiz kararın kötü sonuçlarını düzeltmek için, oraya buraya koşup yorulmak zorunda kalırız.

Akıl yaşta değil, baştadır.

Bir kimsenin yaşının büyümesiyle aklı da gelişmez. Genç bir kişi, bazen yaşlılardan daha akıllı olabilir.

Alim unutmuş, kalem unutmamış.

İnsan ne kadar bilgili olsa bile herşeyi aklında tutamaz, birçoklarını unutur. Unutmamak için öğrenilen şey yazılmalıdır. Yazılan şey belge niteliği kazanır, kuşaktan kuşağa aktarılır.

Akşamın hayrından sabahın şerri iyidir.

Bir işi dinlenmiş bir kafayla düşünüp yapmak daha hayırlıdır. Çünkü bütün gün çalışıp yorulan insan, akşam artık verimli olamaz, daha iyi şeyler düşünüp yapamaz.

Alet işler, el övünür.

İnsan ne kadar usta olursa olsun, gerekli araçlar olmadıkça kusursuz iş yapamaz. Ustalık ve el becerisi çok önemlidir, ancak araçsız iş başarmak güçtür.

Ala keçi her zaman püsküllü oğlak doğurmaz.

Kıymetli bir şeyden her zaman, iyi verim alınmaz.

Al elmaya taş atan çok olur.

İyi ve güzel şeylere sahip olanlar, kıskanıldıklarından, olumsuz davranışlarla karşı karşıya gelebilirler.

Allah'tan yazılmış başa gelecek.

Bir insanın hayatı boyunca iyi veya kötü tüm yaşadıkları ve yaşayacakları, Allah tarafından belirlenmiştir.

Allah bilir, ama kul da sezer.

Bir işin içyüzünü ancak Allah bilir, ama insan da kafasını kullanarak yaklaşık bir tahminde bulunabilir.

Allah kardeşi kardeş yaratmış, kesesini ayrı yaratmış.

Kimse kimsenin sırtından geçinmemelidir. Birbirine çok yakın olan kardeşlerin bile kazançları ve keseleri ayrıdır.

Allah dert verir, dermanı da verir.

Allah, kişiye bir sıkıntı vermişse, ondan kurtulmanın çaresini de göstermiştir.

Allah'tan umut kesilmez.

En zor durumlarda bile, kötümserliğe kapılmamalıdır.

Allah kerimdir, kuyusu derindir.

Allah, kullarının kötü duruma düşmesini istemez, nimetlerinden herkesi faydalandırır.

Allah kimseye kaldıramayacağı yük vermez.
Allah, insana yapamayacağı işleri, zorla yapsın diye emir buyurmaz.

Allah verince, kimin oğlu, kimin kızı demez.
Allah, nimetlerini dağıtırken, insanların soyuna, zenginliğine, toplumdaki saygınlığına bakmaz, dilediğine verir.

Allah yardım ederse kuluna, her iş girer yoluna.
Allah, sevdiği kulunu zorda koymaz.

Allah kulunu kesmeyince, rızkını kesmez.
Allah, insanın canını almadıkça onun geçim yollarını kapamaz.

Alma mazlumun ahını, çıkar aheste aheste.
Kimseye zulmedip kimsenin ahını almamalı, yapılan kötülüğün cezası bir gün mutlaka çekilir.

Almadan vermek Allah'a mahsus.
Her şey karşılıklıdır. Dostluk da, sevgi ve saygı da fedakârlığa dayanır. Vermeden almak, kişiyi asalak ve sömürücü bir anlayışa götürür.

Aman diyene kılıç kalkmaz.
Güçsüzlüğünü kabul edip teslim olan insanın canına kıyılmaz.

Altın yere düşmekle pul olmaz.
Gerçek değerler hiçbir zaman kıymetini yitirmezler. İnsanlığa ve topluma yararlı kişinin, bulunduğu yüksek mevkiden uzaklaştırılmasıyla değeri azalmaz.

Araba devrilince yol gösteren çok olur.
Tehlikeyi önceden kimse söylemez, iş işten geçince akıl veren çok olur.

Ana analık olursa, baba da babalık olur.

Kadın, kocasına ve çocuklarına yeterli sevgi ve şefkati göstermezse, koca da eviyle hiç ilgilenmez.

Ana baba bedduasını alan onmaz.

Ana babasını üzerek, onların bedduasını alan kişi, türlü felaketlere uğrar. Düştüğü bu kötü durumu, ömür boyu düzeltemez.

Ana bahtı kızına, baba ocağı oğula kalır.

Bir annenin kızına bıraktığı en değerli miras, evlilik yaşamında ona örnek olmaktır. Erkek çocuğa ise, babasının sorumluluğu, miras olarak kalır.

Ana baba rüşvetsiz dosttur.

Anne ve babalar, evlatlarını hiç bir karşılık gözetmeden severler.

Anlayana sivrisinek saz, anlamayana davul zurna az.

Anlayışlı kimseler, söylenmek isteneni kapalı söylense bile anlarlar... Anlayışı kıt kimseler ise, açıkça söylense dahi yine algılayamazlar.

Arife tarif gerekmez.

Anlayışlı kişiye, uzun uzun açıklama yapmak gereksizdir.

Arkadaş belasına uğrayan çok olur.

Kötü arkadaş edinen kimseye bela, yine kötü arkadaşından gelir.

Arkadaşını söyle sana kim olduğunu söyleyeyim.

Bir insanı tanımak için, arkadaşlarına bakmak yeterlidir. Çünkü insan, kendi karakterine uygun kişilerle arkadaşlık eder.

Arpa eken buğday biçmez.
Kötü hal ve davranışların karşılığı olarak, iyilik elde edilmez.

Aslan yatağından belli olur.

Bir kimsenin kişiliği, yaşadığı yerin düzeninden, temizliğinden anlaşılır.

Armut dibine düşer.
İnsan, önce yakınlarını gözetir; akraba, eş ve dostlarını düşünür.

Aslını inkâr eden haramzadedir.
İnsanın kendi soyu sopu yoksul olabilir, soyunu sopunu gizlemek şahsiyetli kimseye yaraşmaz. İnsan, toplum içindeki saygınlığını soyuyla değil, kendisi kazanır.

Aşını, eşini, işini bil.
Sağlık ve mutluluk içinde yaşamak isteyen, yiyeceğine, arkadaşlarına, dostlarına dikkat etmeli; işini iyi seçmelidir.

Âşığa Bağdat uzak gelmez.
Kişi sevdiği uğruna her türlü güçlüğe, zorluğa katlanır.

Âşığa ya sabır, ya sefer gerektir.
Kişi, aşkın acılarına ya sabrederek, ya da bu acıları unutturacak bir geziye çıkarak katlanabilir.

At olur meydan olmaz, meydan olur at olmaz.
Herhangi bir işi başarabilmek için gerekli olan koşullar, her zaman ele geçmez. Biri olsa, ötekisi bulunmaz.

At ölür nalı kalır, yiğit ölür şanı kalır.
Yaşayan canlı ölünce, geride bir takım izler bırakır. Güzel eserler bırakan kişiler ölümsüzdür.

Atasını tanımayan Allah'ı da tanımaz.
Kişinin, buyruklarına saygı göstereceği kimselerin arasında

babası başta gelir. Babasını tanımayan Allah'ı da tanımıyor demektir.

Atalar sözü evlada mirastır.
Atasözleri sonraki kuşaklara kalan en değerli öğütlerdir.

Ateş düştüğü yeri yakar.
Ölüm ve felaket kimin başına gelirse, onları yakar, sürekli acı ve üzüntü içinde bırakır. Başkalarının acısı ve üzüntüsü ise, gelip geçicidir.

Ateş olmayan yerden duman çıkmaz.
Bir olayın gizli kalamayan belirtisine bakılarak olayın da olduğu yargısına varılabilir.

Ava giden avlanır.
Çıkarını başkalarına zarar vermekte arayanlar, sonunda kendileri zarara uğrarlar.

Ayağını sıcak tut, başını serin, gönlünü ferah tut, düşünme derin.
Hastalıklardan korunmak için, ayaklarımızı sıcak, başımızı serin tutmalıyız. Olur olmaz şeyleri sıkıntı konusu yapmamalı, geniş yürekli olmalıyız.

Ayağını yorganına göre uzat.
Gideri gelirine denk davranmalı, harcamalarını ona göre ayarlamalıdır.

Aza kanaat etmeyen çoğu hiç bulamaz.
Aza önem vermeyen, çoğu elde edemez. Çoklar, azların birikmesiyle meydana gelir.

Az söyle, çok dinle.
Kişi az konuşursa, hem çevresini rahatsız etmez, hem de az yanılmış olur. Çok dinlemekle çok şey öğrenilir.

Azan kulun belası yakın.
Nefsine hakim olamayanların başı, dertten kurtulmaz.
Az veren candan, çok veren maldan.
Yeterli parası olmayan kimse, yardım veya armağan olarak belki az şey verebilir. Yeteri kadar paralı olan kimse ise, çok şey verebilir, ancak bu, o kişi için büyük bir özveri sayılmaz.
Azim ile yüce dağlar devrilir.
Kararlı ve çalışkan insanın, hayatta ulaşamayacağı başarı yoktur.
Az olsun, öz olsun.
Elde ettiğimiz neticenin az olması değil; yeterli, yararlı, kaliteli ve sağlam olması önemlidir.
Azıcık aşım, kaygısız başım.
İnsan azla yetinmeyi biliyorsa, birşeyi alamadığı ve bulamadığı zaman fazla üzülüp kendini yıpratmaz.

B

Baba oğluna bir bağ bağışlamış, oğul babaya bir salkım üzüm vermemiş.

Baba ve anneler, çocukları için büyük fedakarlıklarda bulunurlar, ama çocuklar ana babaya, küçük bir özveride bulunmazlar.

Baba borcu evlada düşer.

İnsan, babası öldüğü zaman, onun malı nasıl miras olarak kendisine kalıyorsa, bir yerlere borcu varsa, o borçları ödemek de çocuklara düşer.

Baba oğlunun fenalığını istemez.

Hiçbir baba, oğlunun kötülüklerle karşılaşmasını istemez.

Bağ çapa ister, tarla saban.

İyi ürün alabilmek için, toprağa gerektiği şekilde hizmet vermek gerekir.

Bağsız bahçesiz rençber, tuzsuz aş yiyene benzer.

Bağı ve bahçesi olmayan çiftçi, geçimini sağlayamaz.

Bakarsan bağ olur, bakmazsan dağ olur.

Bakılıp onarılan, özen gösterilen her şey yararlanılacak duruma gelir. Bakımsız bırakılan şeyler ise, zamanla kullanılamaz duruma düşer.

Balık baştan kokar.

Ülkeyi yöneten veya yönetici durumunda olan kişilerin tutumu bozuksa, o toplumda her şey bozuk ve kötü olur.

Balık ağa girdikten sonra aklı başına gelir.
İnsan yanlış bir iş yaptıktan sonra yaptığı işin yanlışlığını daha iyi anlar.
Başa gelen çekilir.
Bir felakete uğrayana, sabırla beklemekten başka çare yoktur.
Bal tutan parmağını yalar.
Maddî ve manevî gelir getiren bir işte görevli olan kimse, emeğinin karşılığının dışında, o işin gelirinden az çok yararlanmaya kalkışır.
Balta sapını kesmez.
İnsan, sevdiklerine karşı kırıcı davranışlarda bulunmaz. Kendi sevdiklerine kötülük düşünmez.
Baş dille tartılır.
Kişinin aklı, söylediği sözlerle ölçülür.
Başın sağlığı dünyanın varlığı.
Dünyanın en büyük zenginliği beden sağlığıdır.
Başın başı, başın da başı vardır.
Toplumun içinde yaşayan hiç kimse, başına buyruk değildir, başta bulunan her kişinin üstünde daha büyük bir kişi, onun da üstünde daha büyük bir kişi vardır.
Baş kes, yaş kesme.
Ağaç bir ülkenin en önemli zenginlik kaynağıdır. Ağaç kesmek, insan öldürmek gibi büyük bir suçtur.
Başbaşa vermeyince taş yerinden kalkmaz.
Kimi işleri insan tek başına başaramaz. Başkalarıyla birlik olmak, güçleri birleştirmek gerekir.
Başını acemi berbere teslim eden, cebinden pamuğu eksik etmez.
İşi deneyimsiz ve işten anlamayan kişilere teslim eden, o iş-

ten doğacak sıkıntılara katlanmak zorundadır.

Bedava sirke, baldan tatlıdır.
Para verilmeden, emek harcanmadan ele geçen şeyler, çok hoşa gider, insanı sevindirir.

Besmelesiz işe şeytan karışır.
Allahın adı ile başlanmayan işlerde bir terslik olabilir.

Beş parmağın beşi de bir değildir.
Bir kişinin yaptığı işi, bir başkası aynı şekilde yapamayabilir.

Beşiği sallayan el, dünyaya hükmeder.
Dünyanın en kudretli, en önemli kişisi bile, bu gücünü anasına borçludur. Çünkü onu doğuran, koruyup yetiştiren annesidir.

Besle kargayı oysun gözünü.
İyilik edilen kimseler, zamanla bu iyiliği unutup kötülük yapmaya kalkışabilirler.

Beterin beteri vardır.
Çok kötü bir duruma düşen kimse, daha kötü bir durumun da bulunduğunu düşünerek avunmalıdır.

Beyler buyruğu yoksula kan ağlatır.
Bir toplumu idare eden kişilerin aldığı bazı kararlar, fakir ve zor geçinen halkı daha çok sıkıntıya düşürür.

Bıçak yarası geçer, dil yarası geçmez.
Dikkatli ve ölçülü konuşmak, ileride utanılacak şeyleri söylememek gerekir. Çünkü acı söz, gerçekten insan benliğinde unutulmayacak izler bırakır.

Bin bilsen de bir bilene sor.
İnsan bir şeyi ne denli iyi bilirse bilsin, kendisinden daha iyi bilen bulunur. Onun için, bir işe başlamadan önce, konuyu bilenlere danışmalıdır.

Bir baş soğan bir kazanı kokutur.
Kötü bir kişi, kötü bir davranış, kötü bir söz, toplumun havasını bozar.
Bir dala basınca, bin dal sallanır.
Önemli bir girişim için, ufak bir başlangıç yeterlidir.
Bir ağaçta gül de biter, diken de.
Bir aileden iyi insan da yetişir, kötü insan da.
Bir musibet bin nasihattan yeğdir.
Yanlış yolda olan bir kişiye verilen yüzlerce öğüt, onu doğru yola getirmek için yararlı olmaz da, tuttuğu bu yolda başına gelen bir felaket, uyanması için bir ders olur.
Bin ölçüp bir biçmeli.
Yapılacak işin tüm yönleri önceden iyice düşünülmeli, sonucu inceden inceye hesaplanmalıdır.

Bir gemide iki kaptan olmaz.
Aynı işin, aynı yerin yönetimi için, iki tane yönetici olursa, başarı sağlanamaz.
Bir adamın adı çıkacağına canı çıksın.
Adı kötüye çıkan kişi, kötü olmasa bile, toplumun yargısı kolay kolay düzeltilemez. Nerede adı anılırsa, hemen kötülüğü ortaya atılır.
Bir ağızdan çıkan, bin ağıza yayılır.
Gizli kalması istenen bir şey, kimseye söylenmemelidir. Çünkü dilden dile dolaşarak toplum içinde yayılır.
Bir deli kuyuya taş atmış, kırk akıllı çıkaramamış.
Bazen bir kişi, öyle zararlı bir iş yapar ki, birçok akıllı kimse biraraya gelerek düşünse, yapılan zararı düzeltemez.

Bir fincan kahvenin kırk yıl hatırı vardır.

Birisi küçük bir iyilik yapmışsa, bunu unutmamak, o kişinin hatırını her zaman sormak gerekir.

Bir koyundan iki post çıkmaz.

Bir kimseden verebileceğinden fazla bir netice alınmaz. Almaya çalışmak, boşa zaman harcamaktır.

Bir kötünün yedi mahalleye zararı vardır.

Bir insanın meydana getirdiği zararlar yalnız kendini etkilemez, geniş çevreleri de etkiler.

Bir selam, bin hatır yapar.

Selam, bir ilgi ve sevgi belirtisidir, önemsiz gibi görünür, ama gönül kazanmakta ve yeni dostlar edinmekte önemli bir yeri vardır.

Bir sürçen atın ayağı kesilmez.

Yetenekli kimseler de bazan hata yapabilir. Hoşgörülmeli.

Bir yiğit kırk yaşında kamilleşir.

Kırk yaş sınırı, insanın en olgun zamanıdır.

Bir ye, bin şükret.

İnsan yiyip içtikten sonra, verdiği nimetler için, Allah'a şükretmelidir.

Bir akça ile dokuz kubbeli hamam yapılmaz.

Önemli işlerin başarılması için, yeterli para desteği olmalıdır.

Bir malın iyisini alırsan tek alırsın, kötüsünü ise çok...

İyi mal pahalıdır, ama kolay kolay eskimez ve bozulmaz; kötü mal ucuzdur, ancak çabuk yıpranır, yeniden almak gerekir.

Bir içim suyun, yedi adım yolun hakkı var.
Birine bir şey ikram etmenin veya darda olan birine yardım eli uzatmanın veya zorda kalan birinin dertlerini paylaşmanın çok büyük sevabı vardır.

Biri bilmeyen bini hiç bilmez.
Küçük bir iyiliğe değer verip de teşekkür etmesini bilmeyen, daha büyük iyiliklerin değerini bilemez.

Birdenbire gelen devlette hayır yoktur.
Fakir, ama mutlu bir hayat süren kişi, birdenbire eline büyük servet geçtiği zaman zevk ve eğlenceye dalarsa, bir süre sonra eski mutlu günlerini arar olur.

Bir bulutla kış olmaz.
Beklenen sonuç için küçük bir ihtimal belirmişse, o, bu sonucun kesinlikle elde edileceği anlamına gelmez.

Bir şeyin önüne bakma, sonuna bak.
Bir işe başlanırken, sonunda kârlı mı, zararlı mı çıkılacağı iyice düşünülüp hesaplanmalıdır.

Bitmez ne var ki kösenin sakalından başka.
Gerek iyi, gerek kötü olsun her işin bir başlangıcı olduğu gibi bir de sonu vardır.

Bildiğin şeytan bilmediğin insandan yeğdir.
Kötülük gelebilecek kimseyi tanırsak, gerekli önlemleri alıp kurtulabiliriz. Ama huyunu bilmediğimiz birinin ne yapacağı belli olmadığı için, böylelerine karşı dikkatli olmalıdır.

Bildik kasap kemik satar.
Hile yapmayı alışkanlık haline getiren kimselerden dürüstlük beklemek yanlıştır. Bunlar en yakınlarını bile aldatmaktan çekinmezler.

Bir aldanan iki aldanır, iki aldanan her zaman aldanır.

Aldatılmaya alışmış insanı, herkes her zaman kandırabilir.

Bir başa iki yumruk vurulmaz.

Acımasızlığın da bir sınırı olmalıdır.

Bir kulağını insan sağır etmeli.

İnsan, bazı şeyleri duymazlıktan gelirse, doğabilecek çoğu kötü sonuçlara engel olmuş olur.

Boş çuval ayakta durmaz.

Kişinin yaptığı işte yeteri kadar bilgi ve becerisi yoksa o işi devamlı yürütemez.

Boş gezmekten bedava çalışmak yeğdir.

Boş gezmek, bireyi tembelliğe alıştırır, toplumun gözünden düşürür. Çalışmak, para karşılığında olmasa bile, kişinin saygınlığını, bilgi ve yeteneğini artırır.

Borcun hayırlısı ödenendir.

Borcun sıkıntılarına katlanmaktansa, bir an önce ödeyip kurtulmak en iyisidir.

Borç veren borçlunun sağlığını ister.

Borçlunun başına bir felaket gelmesi, alacaklıyı alacağından eder. Bu yüzden birinden alacağı olan kimse o kişinin sağlığına dua eder.

Borçlunun dili kısa, sözü kesik, gözü sönük olur.

Borçlu insan, alacaklısına karşı her zaman suskun ve çekingen davranır.

Bostan yeşilken pazarlığa oturulmaz.

Bir iş daha başlangıçtayken sonucuna hüküm verilmez.

Boynuz kulaktan sonra çıkar, ama kulağı geçer.
Bir konuda sonradan yetişmesine karşın, ondan önce yetişmiş olanları geçenler olabilir.

Boz atın yanında duran ya tüyünden çeker, ya huyundan.
Cahil, işe yaramaz, görgüsüz kimselerle arkadaşlık edenler zamanla onlar gibi davranmaya başlarlar.

Boyuma göre boy buldum, huyuma göre huy bulamadım.
Bir kimse; beden yapısı, zenginliği, soyu sopu, sosyal durumu kendisininkine uygun olan kimseler bulabilir. Ama huyu kendisine uyan bir kişiyi bulamaz.

Böyle gelmiş böyle gider.
Eskilerden beri sürüp gelmekte olan durumların kolay kolay değişmeyeceği kanısı bu sözle kurallaştırılmıştır.

Böyle duanın böyle olur amini.
Bir işin nasıl sonuçlanacağı, o işte gösterilen titizlikten belli olur.

Bugünün işini yarına bırakma.
İnsan yapacağı işleri bir plana göre yapmalıdır. Yarına bırakılan işler birikerek hiçbir iş, yapılamaz duruma gelir.

Buğday başak verince, orak pahaya çıkar.
Bir şeyin değeri, o şey lazım olduğu zaman anlaşılır.

Bulaşık akşam yalvarır, sabah yalvartır.
Zamanında yapılmayan iş sonradan insana ağır gelir.

Bülbülü altın kafese koymuşlar "ah vatanım" demiş.
Kişi doğup büyüdüğü yurdu dışında ne denli iyi bir yaşama ortamı bulsa da, yine yurdunu arar.

Bülbülün çektiği dili belasıdır.
Düşünülmeden söylenen sözler, yersiz konuşmalar insanın başını derde sokar. Onun için, konuşurken dikkatli olunmalıdır.

Büyük başın derdi de büyük olur.
Ülkeyi, toplumu veya büyük işleri yönetmek gibi büyük sorumluluklar yüklenmiş kimselerin derdi, çok ve büyük olur.

Büyük lokma ye, büyük söyleme.
Hiçbir kimse başkalarını kınayıp büyük sözler söylememelidir. Kınadığı olaylar birgün başına gelebilir.

Büyük büyüklüğünü bilmezse, küçük küçüklüğünü bilir mi?
Kişi, sorumluluğu altındaki kimselerin hakkını korumazsa, onlar da kendisine gereken saygıyı göstermezler.

Büyüğünü bilmeyen Allah'ını bilmez.
Ana babasına ve büyüklerine saygı duymayan kimselerde, Allah korkusu da olmaz.

Büyüklerde söz bir olur.
Güçlü ve mert kimseler, verdikleri sözü mutlaka yerine getirirler.

Cahile söz anlatmak, deveye hendek atlatmaktan güçtür.
Dünyayı, hayatı tanımaktan mahrum bir cahile, söz anlatmak çok güçtür. Çünkü cahil insanın dünyası dardır, sınırlıdır.

Cahilin dostluğundan alimin düşmanlığı yeğdir.
Cahil kimse, dostu için iyi niyet beslediği halde, yaptığı işin ne gibi kötü sonuçlar doğuracağını düşünemez. Oysa, bilgili düşmanın yapacağı kötülüğü insan, akıl yoluyla sezer ve gerekli önlemi alır.

Cahil adam meyve vermeyen ağaca benzer.
Bilgisiz, cahil kimsenin ne kendisine, ne de başkalarına faydası olmaz.

Cahil ile konuşan cahil olur.
Cahil kimselerle arkadaşlık eden, bir şey öğrenemez, kendisi de onlar gibi cahil kalır.

Cahilin ibadetinden alimin uykusu hayırlıdır.
Cahil, beceriksiz kimselerin zorlanarak yaptığı işi, bilgili ve becerikli kişiler çok kolay yaparlar.

Can boğazdan gelir.
Gerektiği gibi beslenemeyen, boğazına bakmayan kişinin sağlığı tehlikeye girer.

Can bostanda bitmez.
İnsan canının değerini bilmeli ve onu korumak için elinden geleni yapmalıdır.

Can canın yoldaşıdır.
İnsan tek başına yaşayamaz, konuşup görüşmek, dertleşmek ve iş yapmak için arkadaş arar.

Canı yanan eşek attan kuvvetli olur.
Bir durumdan canı yanmış olan kişi, o durumun bir daha olmaması için elinden geleni yapar ve beceremez sanılan işleri bile başarır.

Cennetin kapısını cömert açar.
İyiliksever, yardımsever insanlar, içlerinde kötülük taşımazlar. Cennete en lâyık kişiler onlardır.

Cambaz yanında parende atılmaz.
Bir işin uzmanı olan kimselerin yanında, o işle ilgili iddialarda bulunulmaz.

Camızı kadı etmişler, samanlığı kendine ayırmış.
Bencil kişi, makam ve mevki sahibi olduğunda, önce kendi çıkarlarını düşünerek hareket eder.

Can cefadan da usanır, sefadan da.
Yokluk ve çile, insana nasıl bıkkınlık veriyorsa, zevkin ve eğlencenin fazlası da bir müddet sonra, bıkkınlık getirir.

Cebi delik, yordamından geçilmez.
Bazı insanlar, kendileri muhtaç durumda oldukları halde, başkalarına akıl vermekten vazgeçmezler.

Cehenneme giden, yoldaşını çok ister.
Ahlaksız, kötü ruhlu kimseler cezalandırılırken, yanlarında başkasının da olmasını isterler.

Cefayı çekmeyen sefanın kadrini bilemez.
Sıkıntı çekmemiş olanlar, içinde bulundukları rahatlık ve mutluluğun değerini bilemezler.

Cevizle ekmek yemesi, güzelle muhabbet etmesi iyi olur.
Güzel kişilerle aynı ortamda bulunmak ve yakınlık kurmak herkese zevk verir.

Cins horoz yumurtada öter.
Topluma faydalı, değerli bir mevkiye ulaşacak insan, daha küçükken kendini belli eder.

Cihanda bir dertsiz yoktur.
Bu dünyada herkesin kendine göre ufak ya da büyük bir derdi mutlaka vardır.

Cihanda işitilmedik haber olmaz.
Bir yerde bir olay olmuşsa, bunu saklamak imkansızdır. Mutkala bir gün duyulur.

Civcivi güzün sayarlar.
Herhangi bir girişimin başarılı olup olmayacağı hemen anlaşılmaz, bir süre beklemek gerekir.

Coşkun su aka aka durulur.
Her işin aşırısına kaçan kimseler, bir süre sonra bu huylarından ister istemez vazgeçerler.

Cömert eli tutulmaz.
Para harcamayı seven insanların elleri açık olur, ödeme konusunda öne çıkmayı severler.

Cömertin bir akçası, cimrinin hazinesinden bereketlidir

İnsana faydası olmadıktan sonra, paranın çok olmasının hiçbir değeri yoktur.

Cömert demişler maldan etmişler, yiğit demişler candan etmişler.

Bir insana çok para harcatmak isteyenler, onu cömertliğiyle överek pohpohlarlar. Onun gücünden faydalanmak isteyenler de onun yiğitliğini överek tehlikeli işler yapmasına neden olurlar.

Cümlenin maksudu bir, amma rivayet muhtelif

Bir konuda herkes aynı şeyi düşünebilir, ama çok farklı yorumlar yapılabilir, dedikodular yayılabilir.

Çalma elin kapısını çalarlar kapını.
Bir kimseye yapılan kötülük, gün gelir kişinin de başına gelebilir.

Çalışan dağlar aşar, çalışmayan yol şaşar.
Çalışmak kişiyi her zaman başarılı kılar, tembellik ise beceriksizlikten başka bir şey kazandırmaz.

Çalışmayınca kazan kaynamaz.
İnsan çalışmayınca geçimini sağlayamaz.

Çalıya cevahir saçılmaz.
Değerli mallarını insan değer bilmeyen yerlere vermemeli.

Çalışmak ibadetin yarısıdır.
Dürüst, namuslu ve yararlı işlerde çalışan insan, aynı zamanda hayır işlemiş sayılır.

Çanağına ne doğrarsan, kaşığına o çıkar.
İnsan bir işi gerçekleştirmeden, sonucundan yarar beklememeli.

Çalma elin kapısını, çalarlar kapını.
Başkasına kötülük yapan kişi, aynı kötülüğe bir gün kendi uğrar.

Çam dalı ağıl olmaz, el çocuğu oğul olmaz.
Başka birinin çocuğu insana kendi çocuğu gibi gelmez.

Çamın közü olmaz, yalancının sözü olmaz.
Devamlı yalan söyleyen, hile ve aldatmacayla iş gören insanların doğru söylemeyeceğini bilmek ve sözlerine inanmamak gerekir.

Çamura batan arabayı koca öküz çıkarır.
İnsan içine düştüğü zor durumdan ancak çalışarak kurtulur.

Çanağa ne doğrarsan, karşılığında o çıkar.
Kişi, kendisi için önceden ne gibi hazırlıklar yapmışsa ileride onun veriminden yararlanır. Yani ne ekerse onu biçer.

Çatal kazık yere batmaz.
Herhangi bir işi yaparken, her taraftan bir ses gelirse, o iş düzenli yürümez.

Çıkmadık candan umut kesilmez.
Ölümcül hastanın canı çıkıncaya kadar, iyileşeceğinden umut kesilmez.

Çirkefe taş atma üstüne sıçrar.
Kötülük yapmak için fırsat kollayan kişilerle ilişki içinde olma.

Çiftçinin karnını yarmışlar, kırk tane "gelecek yıl" çıkmış.
Çiftçi, her sene gelecek yılların ürününü düşünür, her yıl daha fazla mahsül almak için planlar yapar.

Çiftçiye yağmur, yolcuya kurak; cümlenin muradını verecek Hak.
Allah, herkesin gönlüne göre verir, yeter ki insan, istemesini bilsin.

Çiftçi eğilmeyince evlek doğru olmaz.
Her işin zorlukları vardır. O zorluklara katlanmadan başarılı olunamaz.

Çil tavuğu gören içi dolu yumurta sanır.
Bir olayın her zaman aynı sonuçları vereceğini düşünmek yanlıştır.

Çingeneye şehir içi dar gelir.
Sık sık yer değiştirmeye alışık kimseler, bir yerde uzun süre oturamazlar.

Çiğnemeden ekmek yenmez.
Bir işe çaba harcamadan, o işten yarar sağlanamaz.

Çirkin bürünür, güzel görünür.
Çirkin bir insan güzel giyinerek ve süslenerek, çirkinliğini gizleyebilir.

Çirkinin var bir sevdirecek yeri, güzelin var bir yerdirecek yeri.
Çirkin kişiler, bazı huy güzellikleriyle kendilerini sevdirebilirler; güzellerin ise kendilerinden uzaklaştıracak bir zaafları bulunabilir.

Çıngıraklı deve kaybolmaz.
Belirli bir işareti olan şey, kolay kolay kaybolmaz.

Çivi çıkar, ama yeri kalır.
Yapılan kötülük hiçbir zaman unutulmaz.

Çivi çiviyi söker.
Güçlü bir şey, ancak kendisi kadar güçlü olan başka bir şeyle etkisiz hale getirilebilir.

Çocuk düşe kalka büyür.
Anne baba çocuğun düşüp kalkarak canı acıyor diye üzülmemelidir. Çünkü her çocuk büyürken aynı evreleri geçirir.

Çocuğa iş buyuran ardınca kendi gider.
Çocuk, verilen her işi beceremez ve o işi sonunda biz yapmak zorunda kalırız.

Çocuğa ne işliyorsun demişler, büyüğün yaptığını işliyorum demiş.
Çocuk, büyüklerinden gördüğü doğru veya yanlış davranışları kendine iş edinir. Onlar gibi olmak ister.

Çocuğu şımartma başına çıkar.
Çocuğun her istediğini yerine getirmek; şımarmasına, huysuz biri olmasına yol açar.

Çocuğun dilinden anası anlar.
Bir çocuğun derdini ve sıkıntısını, en iyi onu doğuran bilir.

Çocuğun hatırı olmaz.
Çocuğun istekleri bitip tükenmez, bazen zararlı şeyler de isteyebilir. Bu yüzden çocuğun her isteğini yerine getirmek doğru değildir.

Çocuk ekmeği dolapta yetişiyor sanır.
Çocuk, evin geçiminin nasıl sağlandığını bilemez, o yalnızca ihtiyacının karşılanmasını ister.

Çocuk evin meyvesidir.
Evlilikle kurulan yuvanın, en önemli ürünü çocuktur. Hem evin neşesini sağlar, hem de soyun devamını.

Çocuk padişah bilmez.
Çocuk, istekleri karşılanmadığı zaman, vardan yoktan anlamaz; ortalığı birbirine katar.

Çocuklar oynamaktan, gençler işlemekten, ihtiyarlar da söylemekten yorulmaz.
Çocuklar yalnızca oynamaktan, eğlenceden hoşlanır; gençler başarılı ve verimli olmaya çalışır; ihtiyarlar ise ellerinden

fazla iş gelmediği için sadece söylenir ve yakınırlar.
Çoğu zarar, azı karar.
Hangi işte olursa olsun, aşırılığa kaçılmamalı; herkesin uygun gördüğü ölçüde kalınmalıdır.
Çok bilen çok yanılır.
İnsan ne kadar çok şey bilirse bilsin, yine de bilmediği vardır. Çok bildiğini sanarak, kendine güvenen kişi, çok hata işler.
Çobansız koyunu kurt kapar.
Yöneticisi, koruyucusu bulunmayan toplumu veya kişiyi, düşman her zaman ezer.
Çok çalıştım senin için, şimdi oldu benim için.
Kişi başkaları için çalışır, ama öğrendikleri kendine kalır.
Çok gezen çok bilir.
Çok gezen kişi çok görür, duyar. Yeni bilgiler öğrenir. Duygu ve düşünce ufku daha çok genişler.
Çok havlayan köpek ısırmaz.
Olur olmaz her şeyde karşısındakine bağırıp çağıran, onu tehdit eden kimse, fiziki bir saldırıda bulunmaz.
Çok koşan çabuk yorulur.
Her şeyin aşırısı zararlıdır. Sürekli iş yapabilmek ve sonuca ulaşabilmek için harcanan çabanın, kişiyi yormayacak ölçüde olması gerekir.
Çok naz âşık usandırır.
Önemli bir işi yalnız kendisinin yapabileceğini bilen kişi, işi yapmakta çok nazlanınca, o iş yaptırılmaktan vazgeçilir.
Çok yaşayan bilmez, çok gezen bilir.
Çok gezen, çok yer gören daha çok şey öğrenir. Çok yaşayan, ama yaşadığı yerden başka yeri görüp gezmeyen

insanın bilgileri sınırlıdır.

Çok söz ozanda yaraşır.
Mesleği çok söylemeyi gerektiren kimseler, çevresindekileri sıkmazlar, ilgi ile dinlenirler.

Çok söyleme ağzın büyük olur.
Çok konuşan insanlar için söylenir.

Çok lakırdı baş ağrıtır.
Çok konuşmak söyleyenin de, dinleyenin de canını sıkar.

Çok yiyen çoban olur, az yiyen adam olur.
Aşırı yemeğin, insanı fiziksel açıdan olumsuz etkilediği, başarı düzeyini düşürdüğü bilimsel bir gerçektir.

Çul içinde aslan yatar.
Bir kimsenin değeri, giydiği elbise ile değil; bilgisinin, zekasının ve kişiliğinin yüceliği ile ölçülür.

Çürüğe dayak olma, üstüne yıkılır.
Kötü işlere destek verenler de bu işleri yapanlar gibi, sonunda cezalandırılabileceklerini bilmelidirler.

Çürük merdivenle dama çıkılmaz.
Kusurlu, işe yaramaz şeylerle önemli işlere girişilmez.

Dağ başından duman eksik olmaz.
Büyük sorumluluklar yüklenmiş kişilerin, devamlı olarak sıkıntıları ve üzüntüleri vardır.

Dağ dağa kavuşmaz, insan insana kavuşur.
Birbirlerini tanıyan insanlar ne denli uzakta olurlarsa olsunlar, gün gelir mutlaka karşılaşırlar.

Dağ kuşu dağda, bağ kuşu bağda yakışır.
Herkes, layık olduğu yere yakışır.

Dağda gez, belde gez, insafı elden bırakma.
Herkesin korktuğu biri bile olsan, merhamet ve adalet duygusunu kaybetme.

Dağ ne kadar yüce olsa, yol üstünden aşar.
Üstesinden gelinemez gibi görünen ağır işlerin, mutlaka bir çözüm yolu vardır.

Dadanmış, kudurmuştan beterdir.
Bir şeyi alışkanlık haline getirmiş kimse, o şeyden hiç bıkmaz.

Damdan düşen, damdan düşenin halini bilir.
Durumu iyi iken kötü duruma düşen kimse, başına aynı hal gelen kimsenin derdini çok iyi anlar.

Damlaya damla göl olur.
Küçük şeyler birikerek, büyük varlık oluşturur. Onun için küçük şeylerin değeri iyi bilinmelidir.

Damı çok olanın, kârı çok olur.
Geniş imkanları olan kimseler, daha çok kazanç elde ederler.

Dana ne kadar büyüse, gene anasını emer.
Çocuk ne kadar büyüyüp yetişkin biri olsa da, yine de anasının gözünde çocuktur.

Danışan dağı aşmış, danışmayan yolu şaşmış.
Bilmediği şeyi bir bilene sorup öğrenen, en güç işlerin altından kalkar; kendi aklına güvenip başkalarından fikir almayan her zaman yanılabilir.

Darı unundan baklava, incir ağacından oklava olmaz.
Yeteneksiz, cahil kimselerin elinden nasıl önemli bir iş gelmezse, çürük ve kalitesiz şeylerden de iyi bir iş elde edilemez.

Davetsiz gelen döşeksiz oturur.
Davet edilmediği yere gideni, iyi ağırlamazlar.

Davul dengi dengine çalar.
Evlilikte, dostlukta, arkadaşlıkta kişiler her bakımdan denk olmalıdır; yoksa ilişkiler uzun sürmez, bozulur.

Davulun sesi uzaktan hoş gelir.
Bir şeyi bilmeden, görmeden, yaşamadan, o şey hakkında uzaktan fikir yürütmek insanı yanıltır.

Davul zurna ile adam aramaya gidilmez.

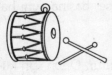

İnsan bir şey kaybettiği zaman bunu herkese duyurarak aramamalıdır. Çünkü arayan çok olursa, içlerinden o mala göz koyacaklar çıkabilir.

Davulu görür oynar, mihrabı görür ağlar.
Bazı kimselerin fikirleri ile davranışları birbirine uymaz.
Deli deliyi bulur, imam ölüyü.
Herkes kendi görüş ve fikirlerine uygun kimselerle arkadaşlık eder.
Demir tavında dövülür.
Her şey zamanında yapılmalıdır, o zaman geçtikten sonra istenileni elde etmek zordur.
Denize düşen yılana sarılır.
Hayatı tehlikede bulunan kimse kendisine yardım etme olanağı bulunmayan, hatta tehlikeli olan şeylerden bile yardım umar.
Derdini söylemeyen derman bulamaz.
Derdimizin, sıkıntımızın ne olduğunu kimseye söylemezsek, bunun çaresini gösteren bulunmaz.
Dertsiz baş olmaz.
Hayatı tehlikede göre bir derdi vardır. Yaşayıp da derdi olmayan kimse yoktur.
Dervişin fikri ne ise, zikri de odur.
İnsan ne düşünüyor, neye önem veriyorsa, o konu hakkındaki düşüncelerini sık sık dile getirir.
Deveyi yardan uçuran bir tutam ottur.
Küçük çıkarlar peşinde koşanlar, büyük felaketlere uğrayabilirler.
Devletsiz oğlun olmaktan, devletliye kul olmak yeğdir.
Varlıklı, ama hayırsız bir evlada sahip olmaktansa, başkalarının hizmetinde çalışıp geçimini sağlamak daha hayırlıdır.

Dikensiz gül olmaz.
Her hoşa giden şeyin hoşa gitmeyen yönü de bulunur.
Doğrunun yardımcısı Allah'tır.
Doğruluktan ayrılmayan kişiye Allah her zaman yardım eder.
Doğru söyleyeni dokuz köyden kovarlar.
Hatır, gönül demeden her zaman, her yerde doğruyu söyleyen kişiyi, kimseler sevmez.
Doğru bilinmeyince, eğri bilinmez.
İnsan bir şey öğrenirken, hep en iyisini yapmaya çalışır, bu arada yanlışlarını daha iyi görür.
Doğruluk hak kapısıdır.
Dürüst, namuslu kişileri herkes tanır, böyle kişilerin sözüne herkes güvenir.
Doğru söze ne denir?
Doğru söylenen söze hiç kimse karşı çıkamaz.
Dost başa bakar, düşman ayağa.
Dosta karşı da, düşmana karşı da güzel giyinmek gerekir. Çünkü dost yükselmesini istediği başımıza, düşman kaymasını beklediği ayağımıza bakar.
Dost acı söyler.
Gerçek dost, acı bile olsa, doğruları dostunun yüzüne söyleyendir.
Dost kara günde belli olur.
Mutlu günde dostluk ilişkisi kuranlar çok olur. Fakat kara günde dost kalmak, üzüntüyü paylaşmak ve gidermek için özveride bulunmayı gerektirir.
Dostluk başka alışveriş başka.
İki kişi arasındaki dostluk, alışverişte birinin ötekine özveride bulunmasını gerektirmez.

Dostun attığı taş baş yarmaz.
Dostun acı sözü ve sert davranışı gücümüze gitmez, bunun iyi niyetle ve yararımıza yapıldığını biliriz.

Döğüş arasında sille tokat aranmaz.
Kavgaya girişmiş iki kişi çok sinirli oldukları için davranışlarının farkında olmazlar.

Dökme su ile değirmen dönmez.
Gelişigüzel ve plansız çalışmalardan iyi sonuçlar elde edilemez.

Dünya malı dünyada kalır.
İnsan öldüğü zaman malını, mülkünü öbür dünyaya götüremez.

Dünyada ümitsiz yaşanmaz.
İnsan en çaresiz durumlarda bile, ümidi sayesinde ayakta kalır ve amacına ulaşır.

Düşüne düşüne görmeli işi, sonra pişman olmamalı kişi.
Bir işi yapmaya karar vermeden önce, doğuracağı sonuçları iyice hesaplarsak, sonradan pişman olmayız.

Düşmez kalkmaz bir Allah.
İnsan, zengin iken yoksul, sağlıklı iken hasta olabilir. Gücünü, yüceliğini yitirmeyen ancak Allah'tır.

Ecele çare bulunmaz.
Her güç işin bir çıkar yolu vardır, ancak çaresi bulunmayan tek şey ölümdür.

Eceli gelen karga kırılmış dala konarmış.
Başına dert arayan kimse, sürekli tehlikeli işlerle uğraşır.

Eğilen baş kesilmez.
Kusurunu anlayıp özür dileyen kişiye, kötülük yapılmamalıdır.

Eğri oturalım, doğru konuşalım.
Her zaman doğru söylenmeli, bundan vazgeçilmemelidir.

Eğri ağaç doğrulur, ama eğri insan doğrulmaz.
Yanlış bir iş düzeltilebilir, fakat kusurlu insanı yola getirmek zordur.

Eğriden doğru olmaz.
Görgüsüz, kötü huylu aileden iyi huylu kimse yetişmez.

Ekmeden biçilmez.
Emek harcamadan hiçbir sonuç alınmaz.

Ek tohumun hasını, çekme yiyecek yasını.
Kaliteli ürün alabilmek için kaliteli tohum kullanan insanlar, iyi sonuç elde ederler.

Ekin eken, hasat umar.
Toprağını eken kimsenin beklentisi, iyi ve bol üründür.

Erken süpür, el görsün; akşam süpür er görsün.
Kadın, evini sabah akşam temiz tutarsa, hem konu komşu, hem de kocası onun ne kadar çalışkan ve hamarat olduğunu görür.
Ekmekle oynayanın ekmeğiyle oynanır.
Sebebi ne olursa olsun, başkalarının kazancına engel olanı kimse sevmez, bir gün aynı şey ona da yapılır.
Erkeğin iyisi eşeğinden, kadının iyisi eşiğinden bellidir.
İyi erkek tutumundan, iyi kadınsa temizliğinden belli olur.
Erkeğin rızkı kadının ruhsatına bağlı.
Kadın ne kadar tutumlu olursa, erkeğin de evi geçindirmesi o kadar kolay olur.
Eski dost düşman olmaz.
Dostlar, acı tatlı birçok anıyı birlikte yaşamışlardır. Bu anılar onları sıkı sıkıya bağlar, ufak tefek dargınlıklar olsa bile, dostlar birbirlerine düşman olamazlar.
Elçiye zeval olmaz.
Birisinin sözünü başka birine iletmekle görevli olan kimse, bu sözlerden sorumlu değildir.
El elin eşeğini türkü çağırarak arar.
Bir başkasının derdine çare bulacak olan kişi, içinde acı duyarak değil, zevk ve eğlencesinden geri kalmayarak bu işi yapar.
El ağzına bakan aç kalır.
Kişi başkalarına güvenerek geçimini sağlayamaz, kendi çalışmalı, kendi kazanmalıdır.
El eliyle yılan tutulur.
Kişi tehlikeli işleri başkalarına yaptırmak ister, kendisi ise zararsız işlerle ilgilenir.

El kapısı hem geç açılır, hem güç açılır.
Kişiler ihtiyaçları olduğu zaman, başkalarından yardım almakta zorlanabilirler.

El öpmekle ağız aşınmaz.
Kişi büyüklerine saygı göstermekle bir şey kaybetmez, aksine saygınlık kazanır.

El için kuyu kazan, kendi kuyusunu kazar.
Başkalarına kötülük yapmayı düşünen kişi, kendi göreceği zararı aklına getirmez.

Elin arı, cehennemin narından çetindir.
İnsanların namuslarına dil uzatmak, çoğu tehlikeli şeylerden daha fazla zarar getirebilir.

El uzatılan yere dil uzatılmaz.
İnsan kendisine yardım eden kişiler hakkında ileri geri konuşmamalı, saygı duymalıdır.

Elmayı çayıra, armudu bayıra dikmeli.
Ürün elde edeceğimiz yerin özelliklerinin, o ürünün yetişmesine uygun olup olmadığına dikkat etmek gerekir.

Er hakkı inkâr olunmaz.
İnsan geçimini sağlayan kişinin hakkını inkâr etmemeli, her zaman hatırlamalıdır.

Eri namus, atı kamçı öldürür.
Yiğit ve dürüst kimseler namusuna gölge düşürmektense, en ağır acıyı bile sineye çekmeye razı olurlar.

Ekmeğini katığına denk eden muhtaç olmaz.
Tutumlu insan sıkıntıya düşmez.

Emanete hıyanet olmaz.
Geçici bir süre için emanet olarak bize bırakılan şeyi iyi korumamak, kendi yararımıza kullanıp eskitmek ve yıpratmak, geleneklerimize ve doğruluk kurallarına aykırıdır.
Emek olmadan yemek olmaz.
Emek harcamadan elde edilen ürün, hak edilmeden başkasını sömürerek sağlanmış olur. En temiz kazanç, emek karşılığı olandır.
Er güvenince, erimeyen dağ olmaz.
Bir insan, kendine güvenince, pek çok zorluğun üstesinden gelebilir.
Elin övdüğünü el alır, ana babanın övdüğü evde kalır.
Her ana baba kendi çocuğunu daha güzel ve nitelikli bulur. Ama kısmetinin açık olması için, başkalarının da öyle görmesi gerekir.
Er kocar, gönül kocamaz.
İnsan yaşlanır, vücudu güçten düşer. Ama gönül genç kalır, sevgisini ve taşkınlığını yitirmez.
Er olan ekmeğini taştan çıkarır.
Çalışkan ve azimli kimse en güç işlerle uğraşmaktan yılmaz, para kazanır, geçim yolunu bulur.
Erine göre bağla başını, tencerene göre kaynat pişir aşını.
Kadın davranışlarını, kocasının tutumuna göre ayarlar.
Eşeğe cilve yap demişler, tekme atmış.
Kaba görgüsüz kimselerin başkalarının hoşuna gideceğini zannederek yaptıkları davranışlar, kırıcı veya üzücü olabilir.

Eşek bile makamla anırır.
Herkes iyi yaptığı işlerle övünür, yaptığı işte başarısız olan kişinin, o konuda övünmeye hakkı yoktur.

Eşeği dövemeyen semerinden alır öcünü.
Kin duyduğu birine gücü yetmeyen, hırsını o kişinin malına zarar vererek yatıştırır.

Eşeğini dama çıkaran yine kendi indirir.
Yaptığı işte hata yapan kimse, bu hatasını yine kendisi düzeltmek zorunda kalır.

Eşek ölür semeri, insan ölür eseri kalır.
İnsan öldükten sonra, unutulmak istemiyorsa, önemli ve büyük başarılar elde etmelidir.

Eşek dağda ölür, zararı eve gelir.
Kötü huylu serseri kimseler, yaptıklarıyla yalnız kendilerini değil, ailelerini ve yakınlarını da etrafa kötü olarak tanıtırlar.

Etme bulma dünyası.
Kötülük yapan kötülük bulur.

Et yiyenin eti yenmez.
Et yiyen hayvanların eti, inançlarımıza göre haramdır.

Et tırnaktan ayrılmaz.
Akrabalar, kardeşler arasında bazı anlaşmazlıklar olsa bile, gelip geçicidir. Dar günlerinde birbirlerine yardım ederler.

Evdeki hesap çarşıya uymaz.
Herhangi bir şey için önceden hazırlanan tasarı, gerçek uygulamada düşünüldüğü gibi gerçekleştirilemez.

Ev alma, komşu al.
Komşular evden daha önemlidir. Çünkü komşular uyumsuz

ise, en güzel evde bile rahat oturulamaz.
Ev sahibinin bir evi, kiracının bin evi var.
Evi olmayanlar çeşitli nedenlerle ev değiştirirler. Evi olanlarsa, ömür boyu bir evde yaşarlar.
Evceğizim evceğizim, sen bilirsin halceğizim.
İnsan kendi evindeki rahatı ve huzuru hiç bir yerde bulamaz.
Evde rahatı olmayan dünya cehennemindedir.
Bir evde kavga ve geçimsizlik varsa, o evde yaşayanlar cehennem azabı çekerler.
Evin geniş olacağına elin geniş olsun.
Küçük bir evin giderlerini karşılamak daha kolaydır, böylece insan sıkıntıya düşmeden yaşayabilir.

Fakirlik ayıp değil, tembellik ayıp.

Yoksul olmak ve az para kazanmak, utanılacak bir şey değil; asıl utanılacak, tembellik yüzünden fakir olmak, zengin de olsa çalışmamaktır.

Fakiri bir kahve ile savarsın, zengine ne ikram edersin.

Misafir gelen kimse yoksul biriyse, onu ağırlamak için fazla masraf gerekmez, ama varlıklıysa masraf gerekir.

Fare, deliğine sığmamış, bir de kuyruğuna kabak bağlamış

Akılsız, beceriksiz kişiler, durumlarına aldırmadan akıllarının ermediği işlere kalkışırlar.

Fare çıktığı deliği bilir.

Suç işlemeye alışmış kişi cezadan kurtulmak için, yakalanmamanın yollarını artık iyice öğrenmiştir, ona göre davranır.

Felekle dövüşen akıbet yenilir.

Bir insan kaderiyle yaşamak zorundadır. Kaderini değiştirmesi mümkün değildir.

Feleğin zoruna oyun kâr etmez.

Bir insan bir konuda nasipsiz yaratılmışsa, istediği kadar kurnazlık etsin, yine de şanssızlığını yenemez.

Felek adama her zaman yar olmaz.
Şans insana devamlı yardım etmez.
Felek kimine kavun yedirir, kimine kelek.
Kimi insan şanslı olur mutluluk içinde yaşar, kimi de şanssızlığı yüzünden hep sıkıntı çeker.
Felaket kimisine değer geçer, kimisini deler geçer.
Bir felaket karşısında herkes aynı oranda zarar görmez, kimisinin kaybı az olur, kimisinin de özellikle güçsüz olanların uğradığı zarar çok büyük olur.
Fetvayı anlatışa göre verirler.
Kimin haklı kimin haksız olduğu verilen ifadeler ve deliller değerlendirilerek ortaya çıkar.
Fırsat rüzgâra benzer, marifet onu geçerken tutmakta.
Fırsatın geldiği gittiği belli olmaz, ama akıllı insan, ayağına gelen fırsattan en iyi şekilde faydalanabilir.
Fırsatı beklememeli, fırsatı icat etmeli.
İnsan, bir şeyi elde edebilmek için, işi şansa bırakmamalı elde etmek için her türlü hazırlığı yapmalıdır.

Garibe bir selam bin altın değer.
Yabancı yerdeki kişiye gösterilen sıcak bir ilgi, yabancıyı çok memnun eder ve kendisine bin altın verilmiş kadar sevinir.

Garip kuşun yuvasını Allah yapar.
Darda olan kimseleri Allah yalnız bırakmaz, bir yerden mutlaka bir çıkış veya kazanç kapısı açar.

Gavura darılıp da oruç bozulmaz.
İnsan gereksiz şeylere sinirlenip sonradan pişman olacağı davranışlarda bulunmamalıdır.

Geç olsun da güç olmasın.
Elde etmek için uğraşılan şeye kavuşmanın zararı yok, yeter ki, engeller ona ulaşmayı güçleştirmesin.

Geçen sene bir yalan söylemiş, bu yıl kendi inanmış.
Yalan söylemeyi alışkanlık haline getiren kimseler, sonunda gerçek ile yalanı ayırt edemez hale gelirler.

Geçmedik akçe mal sahibine yakışır.
Sahtekârlık ve hile, böyle iş yapan kimselere yakışır, asıl çirkin ve kötü işleri böyleleri hak etmektedir.

Gerçek çekip gitsin, yalan gelmesin.
Doğruluk ve dürüstlük sonucu zarara bile uğrasak, yalan ve yanlış işlerden uzak durmalıyız.

Gençlikte para kazan, kocalıkta kur kazan.
Kişinin ihtiyarlığında kimseye muhtaç olmaması için, gençliğinde çalışması lazımdır.

Gençliğin kıymeti ihtiyarlıkta bilinir.
Gençken iyi işler yapamayıp iyi kararlar veremeyen kişi ihtiyarlıkta bu işleri yapmak ister. Yani gençliğin kıymeti geç de olsa anlaşılır.

Geçen arabanın gölgesi olmaz.
Gelip geçici şeyler çabuk unutulur.

Gezen kurt aç kalmaz.
Geçimini sağlamak için gezip dolaşan, her yere başvuran kimse aç kalmaz.

Giden gelse dedem gelirdi.
Ölen kimsenin tekrar dünyaya dönmesi imkânsız olduğu gibi, elden çıkan şeyin bir daha ele geçmesi de mümkün değildir.

Göğe direk, denize kapak olmaz.
Hem gereksiz, hem de gerçekleştirilmesi mümkün olmayan şeylerle uğraşılmamalıdır.

Görmemiş görmüş, gülmeden ölmüş.
Görgüsüz kişi, gerçek emek vermeden bir mala sahip olunca, hem eski durumunu unutur, hem de sevincinden ne yapacağını şaşırır.

Gönülden gönüle yol vardır.
Birbirini seven iki dost insan ayrı ayrı yerlerde olsa bile, aynı şeyi düşünürler.

Gönül çocuğa benzer, gördüğünü durmayıp ister.
İnsanın canı bir şey çekince, bir an önce onu elde etmek ister, tıpkı çocuk gibi huysuzluk eder.

Gönül cenneti ister, ama günah koymaz.
Herkes dertsiz yaşamak ister, ama başını derde sokacak davranışlardan da kaçınmaz.

Göz görür, gönül ister.
İnsan görmediği bir şeye istek duymaz, ancak görüp beğendiği şeyi gönlü ister.

Görünen köy kılavuz istemez.
Herkesçe bilinen bir gerçeği açıklamak gerekmez.

Gözden ırak olan, gönülden de ırak olur.
Kişiler birbirini ne kadar severse sevsinler, uzun süre ayrı kaldıkları zaman birbirlerini yavaş yavaş unuturlar, eskiden çok kuvvetli olan sevgi bağı azalır.

Gülme komşuna, gelir başına.
İnsan başkasının başına gelen hoş olmayan bir duruma gülmemeli, gün gelir kendisinin de başına gelir.

Gülü seven dikenine katlanır.
İnsan, sevdiği kimse ve sevdiği iş yüzünden başına gelecek sıkıntılara katlanır.

Gün doğmadan neler doğar.
Yarının nasıl olacağını kimse bilemez. Gelecekle ilgili kesin yargıya varılmamalı.

Güneş balçıkla sıvanmaz.
Gerçek, yalan ve yanlış sözlerle değiştirilemez, örtbas edilemez.

Güneş girmeyen eve doktor girer.
Güneş vücudu güçlendirir, mikropları öldürür, hastalıkları iyi eder.

Güdük tavuk kendini piliç sanır.
Bazı insanlar, kendilerinde olmayan özellikleri varmış gibi

kabul eder, ona göre davranmaya çalışırlar.

Görenedir görene, köre nedir köre ne?
Bir şeyi gören ya da onu tanıyan biri, o şey hakkında fikir yürütebilir. Ama anlayışı kıt, cahil biri için söz söylemeye gerek yoktur.

Gönlünü yüce tutan erde devlet olmaz.
Her şeyi gurur meselesi yapan kişiler, bu yüzden çoğu zaman zarara uğrarlar.

Güvenme varlığa, düşersin darlığa.
İnsan varlığına güvenip har vurup harman savurmamalı, çalışamadığı zamanlarda sıkıntıya düşer.

Göz düşmanını tanır.
Kişiler, kendilerine kötülük yapmak isteyenleri hissedebilir.

Göz görmez, yüz utanmaz.
Doğruları veya yanlışları değerlendirmek için, önce görmesini bilmek gerek.

Göz terazi, el mizan.
Bazı işleri sürekli yapan kişi, bu işe alışır ve araç gereç kullanmadan da düzgün bir şekilde yapabilir.

Gözüm sana mı inanayım, sözüm sana mı?
Görünenlerin olduğu gibi değiştirilmeden başkalarına aktarılması önemlidir.

Hacı hacıyı Mekke'de, derviş dervişi tekkede bulur.
Aynı meslekten olan kimseler, belli mekanlarda buluşurlar.

Haddini bilmeyene bildirirler.
Başkalarını hiçe sayarak yetkili olmadığı konularda yüksekten atanlara, sert karşılıklar verilir.

Hal halin yoldaşıdır.
Aynı koşullardaki kimseler, birbirlerinin durumunu çok daha iyi anlarlar.

Hak yerde kalmaz.
Hak edilmiş emek, karşılıksız kalmaz.

Haklı söz, hakkını Bağdat'tan çevirir.
Doğru ve güven verici söz, yanlış yolda olan kimseyi yolundan çevirir.

Hamama giren terler.
Bir işi yapmak isteyen kişi, o işin zorluklarına da katlanır.

Hanım kırarsa kaza, halayık kırarsa ceza.
Bir toplulukta yönetici ve amir konumundaki kimseler, hata yaptığı zaman hoşgörü ile karşılanır. Hizmetçilik eden, emir alan kimseler, hata yaptığı zaman suç olur.

Haramın temeli olmaz.
Emek vermeden kazanılan haram kazanç, hiçbir işe yaramadan yok olur.

Hasta olmayan sağlığın kadrini bilemez.
Kişi hastalanınca sağlığının değerini anlar.
Hatasız kul olmaz.
Herkes yanılabilir, kusursuz insan olmaz.

Hatır için çiğ tavuk yenir.
İnsan, sevdiğinin hatırı için, yapamayacağı şeyleri bile yapar.
Hazıra dağlar dayanmaz.
İnsan hazırda olan varlığını yerken, bir yandan da çalışmak zorundadır.
Hekimsiz, hakimsiz memlekette oturma.
Sağlığın güvencesi hekim, toplumun güvencesi hakimdir.
Her ağaç kökünden kurur.
Bir topluluğun sahip olduğu temel bozulursa, o toplum çabuk yıkılır.
Her çok, azdan olur.
Her çok, azların birikmesiyle olur. Çoğu elde etmek için, azları biriktirmek lazımdır.
Her işin başı sağlık.
İnsan sağlığı yerinde olmadıkça, yapmak istediği hiçbir işi başaramaz.
Herkes bildiğini okur.
Başkaları ne söylerse söylesin, herkes kendi düşüncesine göre davranır, işini ona göre yapar.
Herkesin tenceresi kapalı kaynar.
Bir ailenin geçim durumunun nasıl olduğunu, bir başka aile bilmez.

Herkes kaşık yapar, ama sapını ortaya getiremez.
Bir işi kusursuz ve en güzel şekilde yapmayı herkes beceremez.

Herkes kendi ölüsü için ağlar.
Kimse başkasının acısını, sıkıntısını içinde duymaz; herkesin yüreğini sızlatan kendi acısıdır.

Herkes sakız çiğner ama çatlatmasını beceremez.
Herkesin yapabileceği bir iş, ustasının elinden daha iyi ve düzenli çıkar.

Hesapsız kasap, ya bıçak kırar, ya masat.
İşinin ehli olmayan, ne yapacağını önceden iyi düşünmeyen kişi, bocalayıp durur.

Hırsıza kilit olmaz.
Kötü bir iş yapmaya kararlı olan kişiyi engellemek için alınacak önlemler bir işe yaramaz. O, içeri girmenin yolunu bulur.

Her yiğidin bir yoğurt yiyişi vardır.
İnsanların iş yapma biçimleri farklıdır. Her kişinin kendine özgü düşünce biçimi vardır.

Hızır diye yapıştığın hınzır olur.
Bazen insanlar çok güvendikleri kişilerden beklemedikleri zararı görürler.

Hırsızlık bir yumurtadan başlar.
Hırsız, hırsızlığa ufak tefek şeyler çalarak başlar, sonra işi büyütür.

Hırsızın balı yenmez.
Hırsızlık ederek yaşamını sürdüren kişileri, kimse kendine örnek almaz.

Hile ile iş gören mihnet içinde can verir.

İşlerine hile karıştırmış, başkalarını aldatmış olan kişiler, son nefesini azap içinde verirler.

Himmetsiz dedenin türbesi başına göçsün.

Kişi istediği kadar bilgili ve hünerli olsun, kimseye faydası olmadıktan sonra neye yarar. Bildiğini başkasına öğretmeyen, ölünce itibar göremez.

Hocanın yap dediğini yap, yaptığını yapma.

Din adamlarının söyledikleri dinimizin emirleridir. Bunları yerine getirmeliyiz, fakat din adamı da bazen hata yapabilir. Bu yüzden onların söylediklerini yapmalı, ama yanlış davranışlarını yapmamalıyız.

Horoz ölür, gözü çöplükte kalır.

Kişinin sevdiği şeye karşı olan hırsı, ölene kadar sürer.

Horozu çok olan köyün, sabahı geç olur.

Bir konu hakkında herkes söz söyler, kimse iş yapamazsa, o işte sonuç almak çok gecikir.

Horozsuz da sabah olur.

Öndersiz, yöneticisiz de işler yürür, ama verimli olamaz.

Huylu huyundan vazgeçmez.

Bir huy edinmiş olan kişiyi bu huydan vazgeçirmek için ne kadar uğraşılırsa uğraşılsın, netice alınamaz.

Ihlamurdan odun olmaz.
Kötü huylu, acımasız kişilerden iyilik gelmez.
Ismarlama hac, hac olmaz.
Kişi, kendi yapması gereken bir işi başkasına yaptırırsa, istediği sonucu alamayabilir.
Irak yerin somunu büyük olur.
Elde edilmesi zor olan şeylerin değeri büyük olur.
Irmak kenarına çeşme yapılmaz.
Var olan ve herkesin işine yarayan şeyin yanına, aynı işi görmek üzere bir şey daha yapmak, hem boşuna para harcamak, hem boşuna emektir.
Irak yerin haberini kervan getirir.
Çok uzak bir yerden bir haber öğrenmek isteyen kişi, oraya gelip giden kimselerden en doğrusunu öğrenir.
Irmaktan geçerken at değiştirilmez.
Bir işe nasıl başlanmışsa sonuç alana kadar o iş öyle yürütülmelidir, yoksa o işten iyi bir sonuç alınamaz.
Isıracak it dişini göstermez.
Kötülük yapmak isteyen kimse, önceden haber vermez.
Isırgan ile taharet olmaz.
Kötü huylu, merhametsiz kişilerden iyilik gelmez.
Isıramadığın, bükemediğin eli öp başına koy.
İnsan mücadele ettiği kimseyi bütün gücüne rağmen, yenemiyorsa, onun üstünlüğünü kabul etmesi gerekir.
Islanmışın yağmurdan korkusu olmaz.
Daha önce bir zarara uğramış kimse, aynı zararın başına geleceğinden korkmaz.

İki arslan bir posta sığmaz.
Bir yerde iki yöneten olmaz.
İki cambaz bir ipte oynamaz.
İki açıkgöz, kurnaz ve hileci kişi, bir iş düzeninde karşılaşırlarsa, birbirlerini aldatmak için bütün hünerlerini gösterirler.
İki dinle, bir söyle.
Çok konuşmak doğru değildir, çok düşünüp öyle konuşulmalıdır.
İki kişi dinden olursa, bir kişi candan olur.
Ağır bir suçla suçlanan birisi aleyhinde iki kişi yalancı tanıklık yaparsa, o kişinin ölüm cezasına sebep olabilir.
İki kardeş savaşmış, ebleh buna inanmış.
Kardeşler arasında çıkan anlaşmazlık geçicidir. Anlaşmazlığın sürekli olacağını sanmak aptallıktır.

İki karpuz bir koltuğa sığmaz.
Bir kimse ancak bir işi doğru ve sağlam yapar. Birden fazla işle uğraşıldığında başarılı bir sonuç elde edilemez.
İki testi tokuşunca biri elbet kırılır.
Herhangi bir konuda mücadeleye giren iki kişiden birinin kaybetmesi doğaldır.

İnsanın adı çıkacağına canı çıkması yeğdir.
İnsanın yok yere kötü ün kazanması, çok üzücü bir şeydir.

İnsanın eti yenmez, derisi giyilmez, tatlı dilinden başka nesi var?
İnsanın kendini sevdirmesi diliyle olur, onu hayvandan ayıran da bu özelliğidir.

İnsan kıymetini insan bilir.
Bir kimsenin ne kadar değerli olduğunu ancak, o kimsenin değerini ölçebilecek insanlar anlar.

İnsanoğlu çiğ süt emmiş.
İnsanoğlu her zaman iyi değildir, kimi zaman soysuzca davranışlarda bulunur. İyilik gördüğü kimseye kötülük bile yapar.

İnsan sözünden, hayvan yularından tutulur.
Söylediği söz kişiyi bağlar. Bu durum yularından tutulduğu için, başka yöne sapamayan hayvanın durumuna benzer.

İnsan bilmediğini ayağının altına alsa, başı göğe değer.
Kişinin bilmedikleri bildiklerinden çok daha fazladır. Sürekli bilgi edinen kimse öğrendikçe kendisine yeni ufuklar açar.

İnsan yedisinde ne ise, yetmişinde de odur.
Bir kimsenin küçükken kazandığı davranış ve huyları genellikle değişmez, ihtiyarlığında da sürer.

İstediğini söyleyen, istemediğini işitir.
Başkasına ölçüsüz, ağır sözler söyleyen, benzeri söz ve hakaretlere muhatap olabilir.

İş amana binince kavga uzamaz.
Kavga sırasında taraflardan birinin özür dilemesi tartışmayı bitirir.

İşine hor bakan, boynuna torba takar.
İşini küçümseyen kişi, işinde başarı kazanamaz.

İsteyenin bir yüzü kara, vermeyenin iki yüzü.
Birisinden bir şey istemek zorunda kalan kimse utanır, ama imkânı olduğu halde, bu isteği geri çeviren, ondan daha çok utanması gerekir.

İş insanın aynasıdır.
Bir kimsenin nasıl bir insan olduğunu anlamak için yaptığı işlere bakılmalıdır.

İşleyen demir pas tutmaz.
Çalışmayan insan iş yapma yeteneğini yitirir, çalışan kimse gittikçe açılır. Yararlı işler yapar.

İşten artmaz, dişten artar.
Bir insan ne kadar çok para kazanırsa kazansın ölçülü harcamasını bilmezse, bir şey artıramaz.

İş bitirenin kötüsü olmaz.
İşin büyüğü küçüğü olmaz, yapılan iş her zaman gereklidir.

İş işi gösterir.
Bir işten nasıl sonuç alınacağı o işin yapılışından belli olur.

İş olan yerde aş olur.
İş alanı çok olan yerde, geçim sıkıntısı çekilmez.

İşlek kuyunun suyu tatlı olur.
Çalışkan ve yetenekli kişilerin ürettiği işler, kaliteli olur.

***İşleyen el**, ele açılmaz.*
Çalışkan, yetenekli kişi başkalarına muhtaç olmaz.

İt itin etini yer de kemiğini incitmez.
Kötü yaradılışlı kimseler birbirlerine kötülük etmezler.

İte dalaşmaktansa, çalıyı dolaşmak yeğdir.
Kişi geçimsiz insanlarla kavga edip başını derde sokacağına, onlardan uzak dursun daha iyi.

İt kışı geçirir ama gel gerisinden sor.
Dertli insan, derdinden kurtulana kadar çok acı çeker.

İte selam, deliye kelam olmaz.
Görgüsüz ve anlayışı kıt olan kimselerle geçinmek çok zordur.

İt derisinden post olmaz.
Bilgisiz, işe yaramaz, kişiliksiz kimseler yüksek mevkilere layık değildir, çünkü görevlerini kötüye kullanırlar.

İyiliğe nereye gidiyorsun demişler, kötülüğe demiş.
Çoğu iyiliklerin karşısında kötülükler bulunur.

İyi dost kara günde belli olur.
Mutlu günlerde insanın etrafında çok insan bulunur, önemli olan kara günde dostun yanında olmaktır.

İyilik eden iyilik bulur.
İyilik eden kimseyi herkes sever, gün gelir kendisinden iyilik görmüş kimseler de ona iyilik eder.

İyilik et denize at, balık bilmezse Halik bilir.
Kişi elinden geldiğince başkasına iyilik yapmalıdır. İyilik yapılan bunu bilmese bile, Yaratan bilir.

İyi olacak hastanın hekim ayağına gelir.
Allah kötü bir durumun iyiliğe dönmesini dilemişse, bunu yapacak kimse işin üstüne gelir.

İyilik bilmeyen adam adam sayılmaz.
Dürüst, ahlaklı ve olgun kişiler kendilerine yapılan iyiliği hiçbir zaman unutmazlar.
İyi güne, iyi dosta doyum olmaz.
Sıkıntıdan uzak ve çevresinde kendisini seven dostlarının bulunması, insana büyük mutluluk verir.
İyiliğe kötülük, kör eşeğe samanlık.
İnsan kendisine iyilik eden birine en azından saygılı davranmalıdır.

Kaçan balık büyük olur.
İnsan elinden kaçırdığı en küçük fırsatı gözünde devamlı büyütür.

Kaçanı kovalamazlar, yıkılanı vurmazlar.
Kaçanı kovalamak, yıkılıp düşeni ezmeye çalışmak insanlığa sığmaz.

Kaderden kaçılmaz.
Kötü veya iyi olsun kaderde ne yazılıysa, o yaşanır.

Kadın erkeğin eşidir, evinin güneşi.
Kadın evin güzelliğini ve mutluluğunu sağlayandır.

Kadın kocayı var sever, koca kadını sağ sever.
Kadın kocasının varlıklı olmasını, erkekse karısının sağ kalmasını ister.

Kadını eve bağlayan altın şıkırtısı değil, beşik gıcırtısıdır.
Çocuk, aileyi ayakta tutan en önemli unsurdur.

Kalburla su taşınmaz.
Saçma sapan işler yapanların başarıya ulaşmaları mümkün değildir.

Kalın incelene kadar ince üzülür.
Güçlü ve sağlıklı olan gücünden bir parça kaybedebilir, ama zayıf kişi, o kadar gücü yitirince, ölecek duruma gelir.

Kalp kalbe karşıdır.
Sevgi kalpte oluşur, seversek seviliriz.
Kalyon deniz üzerinde yüzer, kayık kenarda kalır.
Geniş imkanlara sahip kimseler, önemli işler başarırlar. İmkanları kısıtlı kimseler ise küçük işlerle uğraşırlar.
Kapıdan alacaklı bakarken, pencereden sadaka verilmez.
Bir insanın borcu varsa önce o borcunu ödemeli, alacaklısını rahatlatmalıdır. Ondan sonra diğer insanlara yardım etmeyi düşünmelidir.
Kara haber tez duyulur.
Ölüm ve başka felaketler gibi haberler bununla ilgili kimselerin kulağına çabuk ulaşır.
Karaya al bağla, geç karşısında ağla.
Akılsızlıkları nedeniyle başarısız olan, sonra da bunun sebebini anlayamayan insanlar, dert yanmakla zaman geçirirler.
Karga kekliği taklit edeyim derken, kendi yürüyüşünü şaşırmış.
Bir kişi bir başkasının yaptığı davranışları aynen taklit etmeye kalkarsa beceremez, gülünç duruma düşer.
Karıncadan ibret al, yazdan kışı karşıla.
İnsan geleceğini güvenceye almalı, çalışamayacağı günler için, geçimini sağlayacak varlık edinmelidir.
Kar ne kadar çok yağsa, yaza kalmaz.
Belli dönemlerde çok olan şeyler, gün gelir bulunmaz olur.
Karpuz kabuğunu görmeden denize girme.
Bir işi en uygun zamanı gelmeden yapmamalıdır.
Kâr zararın kardeşidir.
Ticaret yapan kimse, zarar etmeyi de göze almalıdır.

Kaynayan kazan kapak tutmaz.
Önemli bir haber ne kadar gizlenmek istese de gizlenemez.
Kaynana pamuk ipliği olup raftan düşse, gelinin başını yarar.
Kaynana gelinine ne kadar cana yakın davranırsa davransın, yine de ona yaranamaz.
Kaynatam devletli olsun, kaynanam sahavetli.
Evlenen insan, eşinin ailesinin varlıklı ve iyi kalpli olmasını ister.
Kazanmayanın kazanı kaynamaz.
Çalışıp kazanmayanın evinde yemek pişmez.

Kaz gelen yerden tavuk esirgenmez.
Sonunda büyük çıkar sağlanması beklenen durumlarda ufak tefek harcamalar yapmaktan çekinmemek gerekir.
Kaza geliyorum demez.
Kazanın olacağını önceden bilemeyiz.
Kazma elin kuyusunu, kazarlar kuyunu.
Başkasına kötülük yapmak yolunu tutarsan, başkası da sana kötülük yapmaya kalkabilir.
Kedinin boynuna ciğer asılmaz.
Bir kimseye kullanıp zarar vereceği, kendine mâl edip ortadan kaldıracağı şey emanet edilemez.
Kedi uzanamadığı ciğere pis der.
Kişi arzu edip de elde edemediği şeyi istemiyormuş, beğenmiyormuş gibi görünür.
Kelin ilacı olsa önce başına sürer.
Kendi derdini çözemeyen, başkasının derdini çözemez.

Kendi düşen ağlamaz.
Kendi yaptığı bir işten dolayı başı derde giren bu durumdan yakınmaya hakkı yoktur.
Keskin sirke kabına zarar verir.
Olur olmaz şeye öfkelenen kişi, kendine zarar verir.
Kılıç kınını kesmez.
Öfkeli ve ölçüsüz davranışları olan kişinin yakınlarına zararı dokunmaz.
Kır atın yanında oturan ya huyundan ya suyundan.
İyi huylu insanlarla arkadaşlık kuranlar iyi, kötü huylularla arkadaşlık kuranlar kötü huylar edinirler.
Kısa günün kârı az olur.
Kısa süre çalışarak yapılan işten elde edilecek kazanç da az olur.
Kimi köprü bulamaz geçmeye, kimi su bulamaz içmeye.
İnsan vardır elindeki varlığın fazlalığından yakınır, kimi insan da o şeylerden yoksun olmanın sıkıntısını çeker.
Kimsenin ettiği yanına kalmaz.
Bir kimsenin başkasına yapmış olduğu kötülük, karşılıksız kalmaz.
Kimse ayranım ekşi demez.
Başkaları beğenmese de, eleştirse de, kimse kendisine ve mallarına toz kondurmaz.
Kimsenin ahı kimsede kalmaz.
Zulüm görenin ahı, zulmedene hayretmez. Yaptığını bir gün gelir çeker.
Kişi arkadaşından bellidir.
Herkes anlaşabildiği kimse ile arkadaşlık eder.

Kısmet gökten zembille inmez
Yaşam için, geçinmek için gereken şeyler insana kendiliğinden gelmez. Çalışmayan kişinin kısmeti olmaz. Kısmet çalışınca elde edilir.

Kız evi naz evi.
Evlenme çağında kızı olanlar, kızını istemeye gelenlere kendilerini ağırdan satarlar. Kızı verene kadar, türlü türlü isteklerde bulunurlar.

Kız evlendikten sonra, damat çok bulunur.
Evlenme çağına gelmiş genç kız, bir an önce evlenmek ister. Evlendikten sonra da bazen çok acele davrandığı için, pişmanlık duyar.

Kızı alan göz ile bakmasın, kulak ile işitsin.
Erkek, evleneceği kızda yalnızca güzellik aramamalı, onun niteliklerini de araştırıp öğrenmelidir.

Kızın kimi severse güveyin odur, oğlun kimi severse gelinin odur.
Ana baba çocuğunu kendi seçtikleri biriyle zorla evlendirmemeli, evleneceği kişiyi çocuklar kendileri seçmelidir ve ana baba da bu konuda hoşgörülü davranmalıdır.

Kızlar gelin olmayı masal sanır, ata binince koşar sanır.
Kızlar için gelin olmak büyük bir rüyadır. Gelin olunca, gözleri evlilikte çıkabilecek dertleri görmez.

Koca acısı, uyusan ilk uykuda, ölürsen son solukta çıkar.
Bir kadın için kaybedilen kocanın acısı, ömür boyu bitmez.

Korkulu rüya görmektense, uyanık kalmak evladır.
Bir işi korkuyla yapmaktansa, hiç yapmamak daha iyidir.

Korkunun ecele faydası yoktur.
Kişi korkmakla kendisine gelecek zararı önleyemez, olacak yine olur. Boş yere üzüntü çekmenin anlamı yoktur.

Komşunun tavuğu komşuya kaz görünür.
Kaz, tavuktan daha büyüktür. Komşunun malı başka komşuya daha büyük görünür.

Koşan ata mahmuz vurulmaz.
Canla başla çalışan kişiye daha fazla çalışması için, baskı yapılmaz.

Korkağın gözleri çift görür.
Korkak kişi korktuğu şeyi abartarak görür.

Korku olmayan yerde nizam olmaz.
Toplumda veya bir iş yerinde insanları suç işlediğinde cezalandıracak kişiler veya yasalar yoksa, böyle yerlerde düzen sağlanamaz ve sık sık huzursuzluk çıkar.

Korkulu düşün sonu hayırdır.
İnsan düşünde kötü bir duruma düşmüşse, gerçekte iyi olaylar yaşayacağı anlamına gelir.

Komşu ekmeği komşuya borçludur.
İnsan komşularına eli açık davranırsa aynı karşılığı alır.

Komşu hakkı büyük, saymayan hödük.
İnsan başı darda kaldığı zaman, en büyük desteği komşusundan görür, bu yüzden komşu hakkını inkâr eden kişi büyük kabalık yapmış olur.

Komşu komşunun külüne muhtaçtır.
İnsan bazen çok küçük bir şeye bile, büyük ihtiyaç duyar.

Komşunun iyisine baha biçilmez, kötüsüne çare bulunmaz.
İnsanın komşusu iyi olursa, onu kaybetmemek için her şeyi yapar. Kötü komşuya ise, katlanmaktan başka çare yoktur.

Kötü komşu insanı mal sahibi yapar.
İnsanın komşusu kötüyse, aldığı şeyi geri getirmez, o da yeniden almak zorunda kalır. Böylece mal sahibi olur.

Köpek sahibini ısırmaz.
Bir kimse çok kötü olabilir, ama kendini benimseyip koruyana kötülük etmez anlamında söylenir.

Köpeksiz sürüye kurt girer.
Koruyucusu olmayan herşeye bir başkası sahip çıkar, istismar eder.

Kör görmez, sezer.
Bazı kimseler bilgisiz olsalar bile, bazı gerçekleri önceden sezebilirler.

Körler memleketinde şaşılar padişah olur.
Hepsi bilgisiz olan bir toplumda azıcık bilgisi bulunan başa geçer.

Körle yatan şaşı kalkar.
Kötü huylu insanlarla arkadaşlık kurana, az çok kötü huy bulaşır.

Kurunun yanında yaş da yanar.
İşledikleri kusurdan dolayı cezalandırılanlar yanında, kimi zaman suçsuzlar da hırpalanır. Çoğu zaman suçluyu suçsuzu ayırmak kolay olmaz.

Kurdu gören bağırır, görmeyen daha çok bağırır.
Bir şeyden çok korkan kimse onu abartarak anlatır, o şeyi görmeyenlerin daha çok korkmasına neden olur.

Kurt kocayınca köpeğin maskarası olur.
Sağlıklı, güçlü iken herkesin çekindiği kişi, eski gücünü kaybedince, güçsüz kimselerin oyuncağı olur.

Kurttan korkan çoban olmaz.
Tehlikeli bir işe toplu halde girişildiğinde korkak kimseler en arkaya kalır.

Kuşa kafes lazım, boruya nefes.
Bir işi yaparken kullanılacak malzeme o işe uygun olmalıdır.

Kusur ettiğini düşünmez de takdire bahane bulur.
Bazı yüzsüz, görgüsüz kimseler bir hata yaptıkları zaman buna aldırış etmedikleri gibi, bir de yaptıkları davranışın doğru olduğunu savunurlar.

Kuru laf karın doyurmaz.
Boş laflarla kişi kazanç elde edemez.

Kuzunun sevmediği ot yanında biter.
Şanssız insan, hep istemediği durumlarla karşılaşır.

Laf dağarcığa sığmaz.
Söz dağarcığı geniştir. İnsanlar duygu ve düşüncelerini istedikleri yorumlarla ifade ederler.

Laf kıtlığında asmalar budayayım.
Bazı kimseler çok konuşmayı sevdikleri halde, konuşacak konu bulamadıklarında saçma şeyler konuşurlar.

Laf ile borç ödenmez.
Kişi lafla borçlarını ödeyemez, çalışıp kazanması gerekir

Lafla iş bitmez.
Bir insan hakkında hüküm vermek için söylenen sözlere bakmak yetmez, davranışlara da bakmak gerekir.

Lakırdı bilmeyen hödükler, sönmüş ateşi körükler.
Kaba ve cahil kişiler, kapanmış bir konu üzerinde ısrarla dururlar, sönmüş ateşi alevlendirirler.

Lakırdı bilmeyen meclisten kaçar.
Konuşmasını, sohbet etmeyi beceremeyen kişi, arkadaşlar arasında yapılan toplantıdan fazla hoşlanmaz, bir an evvel o ortamdan kurtulmak ister.

Lakırdı ile ağız aşınmaz.
Çok laf etmek için, fazla çaba harcamaya gerek yoktur.

Laf torbaya girmez.
Söylenen söz gizli kalmaz. Herkes onu duyar.
Lafla pilav pişerse deniz kadar yağı benden.
İşler çalışmayla, çabayla gerçekleşir. Söz vermekle bir iş yapılabilseydi, herkes bol bol söylerdi.
Laf torbaya girmez.
Bir söz ağızdan çıktı mı, onu artık kimse durduramaz. Ağızdan çıkan söz ne yapılırsa yapılsın gizli kalmaz.
Lafın azı uzu, çobana verme kızı, ya koyun götürür, ya kuzu.
Yoksul olan ve ağır işlerde çalışan birine kızını verirsen, aynı çileyi kızın da çekmek zorunda kalır.
Lambayı almadan camına bak, gelini almadan huyuna bak.
Gelinin huyu, güzelliğinden daha önemlidir.
Leyleğin ömrü laklakla geçer.
Halkımız bu sözü aylaklığı ayıplamak için söyler.
Leyleği kuştan mı sayarsın? Yazın gelir, kışın gider.
Bazı insanların dürüstlüğü, iyi huyluluğu, geçici olabilir.
Lezzetsiz çorbaya tuz kâr etmez.
İyi pişirilmemiş lezzetsiz yemeği, tuzla veya başka bir baharatla lezzetli hale getirmek mümkün olmaz.
Lodosun gözü yaşlı olur.
Lodos, genellikle yağmur getirir.
Lodos cennetten, poyraz cehennemden gelirmiş.
Lodos ılık ve etkisiz olduğu için, soğuk ve sert esen poyrazdan daha çok sevilir.

Lokma çiğnemeden yutulmaz.
Her iş çalışmak ve emek ister, çok kolay bir iş bile emek harcamayı gerektirir.

Lokma boğazdan geçmez, gönül hoş olmayınca.
Kimse hoşuna gitmeyen bir şeyi elde etmeye çaba göstermez.

Lokma karın doyurmaz, şefkat artırır.
Bir kimseye ziyafet çekmek, ya da armağan vermek onun karnını doyurduğu için değil, aradaki sevgiyi, dostluğu artırdığı için değerlidir.

Lokmayı ağzına sokmadan nasıl yutacağını düşün.
Bir şeyi elde etmeden önce, onun nasıl kullanılacağını bilmek gerekir.

Lütfa endaze olmaz.
Bir kişiye yardım veya iyilik yapmak isteyen kimse, bunun miktarını değil, o kişinin ihtiyacını düşünmelidir.

Lütuf ve ihsanın ölçüsü, terazisi olmaz.
Yardımın ölçüsü veya şartı olmaz. İhtiyaç ne kadarsa yardım da o oranda olmalıdır.

Lütfeden, nankörler peyda eder.
Sürekli iyilik ve yardım karşılığında, nankörlük de ortaya çıkar.

Mağrur olma, dünya misafir evidir.
Her yaşayışın bir sonu vardır. Onun için, insanları küçük görmenin bir anlamı yoktur.

Mal canın yongasıdır.
Herkes kendi malına düşkündür, mal canın bir parçası gibidir. Her insan malına gelen zarardan üzüntü duyar.

Mal canı kazanmaz, can malı kazanır.
Kişi, malı kazanırken sağlığını tehlikeye atmamalıdır.

Mal sahibinin değil, yiyenindir.
Para sahibi olmak önemli değil, onu kullanmasını bilmek önemlidir.

Mahallede ölü olur, herkes kendi ölüsüne ağlar.
Başka insanların ölümü, insanı kendi yakınının, dostunun ölümü kadar üzmez.

Mahkeme kadıya mülk değil.
Devlete ait bir makama gelen, o makamı kendi çıkarları için kullanamaz ve o makamda ömür boyu kalamaz.

Mart kapıdan baktırır, kazma kürek yaktırır.
Mart baharın ilk ayı olmasına karşın, soğuk geçer. Odun kömür biter, kazma kürek bile yakılabilir.

Mart yağar, nisan övünür, nisan yağar, insan övünür.
Mart ayının yağmuru, nisanda ekinlerin gelişmesini sağlar. Nisanda yağan yağmur da başakları olgunlaştırır.

Martta açan çiçek, torbaya girmez.
Mevsiminden önce çiçek açan ağaç, meyve vermez.

Marangozun kapısı olmaz.
Bir meslekle uğraşan kişi mesleğini kendi için değil, müşterileri için kullanır.

Maşa varken elini ateşe sokma.
Tehlikeli bir işi, korunmayı bilmeden yapmaya kalkıp da canımızı tehlikeye sokmamak için söylenir.

Mayasız yoğurt tutmaz.
Bir iş kurabilmek için elde biraz para olmalıdır. Para olmayınca, herhangi bir iş yapma olanağı bulunamaz.

Mazlum eşeğe herkes biner.
Sessiz ve garip kişiden herkes yararlanmak ister.

Merak insanı mezara kadar sokar.
Fazla merak insana bazen çok pahalıya mâl olabilir, hatta canından bile edebilir.

Meramın elinden bir şey kurtulmaz.
Bir işi yapmaya karar veren, canla başla çalışan, her işte başarılı olur.

Merhametten maraz doğar.
Bazı kimseler kendilerine acıyıp iyilik edenlerin başını derde sokarlar, iyiliğe karşılık kötülük yaparlar.

Manavla hekim düşman olmaz.
Ticaretle uğraşan kimseler, kamu görevlilerine daha iyi davranırlar.

Meyveli ağacı taşlarlar.
Bilgili, becerikli kişiler kıskanılır.
Meyve, ağacından uzak düşmez.
Çocuk, davranışını ve huyunu yalnızca kendi soyundan alır.
Meşe ağacına gül aşısı tutmaz.
Belirli bir iş için kullanılan bir aracın başka işlere yararı olmaz.
Mezar taşı ile övünülmez.
Bazı kimseler geçmişte yaşamış ünlü ya da önemli atalarıyla övünürler. Bu övünme, ona bir değer kazandırmaz.
Mihrap ne kadar yüksek olursa olsun, imam bildiğini okur.
İnatçı kişi, çevredekilerin tepkisi ne olursa olsun, yine de bildiğinden şaşmaz.
Minareyi çalan kılıfını hazırlar.
Kolay gizlenemeyecek kadar büyük bir suç işleyen kişi, bunun ortaya çıkmaması için önlemler alır.
Misafir umduğunu değil, bulduğunu yer.
Misafir ev sahibinin kendisini çok iyi şeylerle ağırlamasını umar, ama ev sahibi ancak evindekini ikram edebilir.

Misafir on kısmetle gelir, birini yer, dokuzunu bırakır.
Misafir ağırlayanın kısmeti açık olur, bu yüzden misafirin yediği, içtiği ev sahibine yük gelmemelidir.
Mum dibine ışık vermez.
Kimse başkalarına yaptığı yardımı kendi yakınlarına yapmak istemez.

Muhabbet iki baştan, değirmen iki taştan olur.
Sevgi karşılıklı olmalıdır. Tek taraflı sevginin sonu olmaz.

Müezzin çeker soğuğu, imam yer tavuğu.
Bazen işin zorluğunu çekenler farklı, faydasını görenler farklı olabilir.

Mühür kimde ise Süleyman odur.
Bir işte yönetme hakkı kimdeyse, bütün yetki ondadır.

Müflis selamını batakçı alır.
Borçlu ve batmış kimselerin dostu da kendisi gibi olanlardır.

Müflisten medet, münafıktan nasihat beklenmez.
Borç içinde olan kimseden yardım, inançsız iki yüzlü kimselerden de fikir alınmaz.

Müflis tüccar eski defterlerini karıştırır.
Maddi sıkıntı içine düşen tüccar, durumu iyi iken önemsemediği eski alacaklarını karıştırır.

Mülk alan kırk gün aç, mülk satan kırk gün tok.
Bütün imkanlarını kullanarak mal sahibi olan, bir süre sıkıntı çeker; para bulmak için mülkünü satan da o parayla yalnız bir müddet rahat yaşar.

Müslüman mahallesinde salyangoz satılmaz.
Yeni girdiği bir çevrede orada yaşayanların inançlarına aykırı davranışlarda bulunan kişiler, çevre tarafından büyük bir tepkiyle karşılanır.

Namaz, adamı yabanda komaz.
İbadet eden insan, zor durumda kalmaz.
Namaza meyli olmayanın kulağı ezanda olmaz.
İnsanın içinde maneviyat duygusu olmazsa, dindar olmak için uğraşmaz. Kişi yapmayacağı işe ilgi göstermez.
Nasipse olur.
Her şey insanın kısmetinde varsa olur. Kısmette yoksa, kişi ne kadar çabalarsa çabalasın netice alamaz.
Nadanla sohbetten ise akıl ve irfan sahibiyle taş taşımak yeğdir.
Cahil insanlarla konuşup tartışmaktansa, kültürlü ve yetenekli kimselere hizmet etmek daha yararlıdır.

Nalbandın eşeği nalsız gezer.
Başkaları için bir şey üreten kimseler, ürettiği şeyden kendileri faydalanamazlar.

Nazar insanı mezara, hayvanı kazana sokar.
Varlık ve meziyet sahibi her insanın çevresinde kıskanç, kötü niyetli, hasetle bakan kişiler mutlaka bulunur.
Ne gelirse kula Hak'tan gelir.
İnsanın başına gelen her şey insanın kaderinde yazılıdır. Bu kaderi de hazırlayan Allah olduğuna göre her şey Allah'tan gelir.

Ne istersen Allah'tan iste, kuldan isteme.
Zorda kaldığın zaman, bir işin üstesinden gelemeyeceğin zaman, önce Allah'tan yardım iste.

Nefsini yenebilen her zorluğu yener.
Nefsinin isteklerine uyan kişi iyiliği değil, kötülüğü bulur.

Nefsine uyan şeytana uyar.
Şeytan insanı güzel şeyler göstererek kandırır. İradesine hakim olamayan, şeytana çabuk aldanır.

Ne doğrarsan aşına, o çıkar karşına.
İyi çalışanın geleceği iyi, kötü çalışanın geleceği kötü olur.

Ne ekersen onu biçersin.
Bugün birisine iyilik yapan yarın ondan iyilik, kötülük yapan kötülük görür.

Nerde birlik orda dirlik.
Duygu, düşünce ve fikir birliği bulunan yerde; dirlik, düzenlik, birlik olur.

Ne edersen et, insafı elden koma.
Yapacağımız işlerde ve davranışlarda, vicdanımızı da dinleyerek hareket etmeliyiz.

Ne sihirdir ne keramet, el çabukluğu marifet.
Hızlı ve başarılı olmak uzun çalışmalar gerektiren becerikli kimsenin işidir.

Ne kokar, ne bulaşır.
Kendini beğenmiş, bencil kimseler başkalarına küçümseyerek baktıkları gibi, hiç kimseye de en ufak bir faydaları dokunmaz.

Nefis ile mücadele, dünya ile muharebeden güçtür.
İnsanın nefsine hakim olabilmesi savaş kazanmaktan daha

büyük başarıdır.

Nefsinde tecrübe etmediğin şeyi halka tavsiye etme.

Bilmediğin, denemediğin bir şeyi başkalarına denemesi için söyleme.

Ne bilirim, ne gördüm bundan iyisi yoktur.

Kişi gerekli olmadıkça başkalarının işine karışmamalı, gereksiz sözler etmemelidir.

Ne çaldın yüzüme, ne çalayım yüzüne.

İnsan kendi hakkında kötü niyet besleyen kimseye yakınlık göstermez.

Ne kadar yıkarsan yıka, kan kanla temizlenmez.

Aralarında anlaşmazlık çıkan kimseler, sorunlarını şiddet yoluyla çözmeye çalışırlarsa, sonuçta iki taraf ta büyük kayıplar verir.

Nerde aç ordan kaç, nerde aş oraya yanaş.

Yokluk içinde yaşayan kimseler önlerine çıkan herkesten faydalanmak isterler. Rahat bir şekilde yaşamak istiyorsan, böyle kimselerin olduğu yerde değil, kazancının bol olduğu yerde yaşamaya çalış.

Ne oldum dememeli, ne olacağım demeli.

Geleceğin neler getireceği bilinmez, insanın başına her şey gelebilir, onun için geleceği düşünmeliyiz, alçakgönüllü olmalıyız.

Ne değirmende yat, ne korkulu rüya gör.

Beklenmedik tehlikelerle karşılaşmamak için tüm tedbirleri almak gerekir.

Ne türlü sahip, o türlü de çırak.

Bir işyerinde çalışanların çalışma ahlakı, işin başındaki kişinin tutumuna bağlıdır.

Ne verirsen elinle, o gider seninle.
Bu dünyada yoksullara ve hayır işlerine yardım eden, öbür dünyada karşılığını görür.

Ne zengine borçlu ol, ne züğürtten alacaklı.
Zengin insanlar alacaklarının peşinden koşar, mutlaka tahsil ederler. Fakir insanlar ise isteseler de borçlarını ödeyemezler.

Ne şaşkın ol basıl, ne taşkın ol asıl.
İnsan ne fazla korkak olup her işte telaşlı ve aceleci olmalı, ne de fazla cesur olup her işe düşünmeden atılmalı.

Nerede hareket, orada bereket.
Birlik ve beraberlik içinde durmadan çalışılan yerde verim artar, bolluk olur.

Nezaket para ile satılmaz.
Saygılı, hoşgörülü olmak, maddi değerlerle ölçülmez.

Nisan yağmuru, altın araba, gümüş tekerlek.
Nisan yağmuru çok yağarsa, ürünlerde bolluk olur, çiftçiler de çok kazanır.

Obur, dişleriyle mezarını kazar.

Aşırı yemeğin vücut için büyük zararları vardır, bir süre sonra bozulan dengeleri yeniden düzeltmek mümkün olmayabilir.

Oburun karnı doyar, gözü doymaz.

Çok yemek yiyen insanlar kolay kolay doymazlar.

Ocak içinden tutuşur.

Bir insanı en çok çektiği sıkıntılar üzer ve yıpratır.

Ocağın yakışığı odun, evin yakışığı kadın.

Evi çekip çeviren, evin şenlenmesini sağlayan evin hanımıdır.

Oğlan dayıya, kız halaya çeker.

Oğlan çocuğunun huyu da yüzü de dayısına, kız ise halasına benzer.

Oğula devlet gerek ise, anaya hürmet eyleye.

Ana babasına nankörlük edenler, başarılı ve saygın kimseler olamazlar.

Olacakla öleceğe çare bulunmaz.

Ölüm, doğal afetler gibi şeyler ne kadar uğraşılırsa uğraşılsın, önlenemez.

Oğlan babadan görür sofra açar, kız anadan görür çeyiz serer.
Erkek çocuk babasından para kazanmayı, ev geçindirmeyi öğrenir; kız ise anasından ev işlerini öğrenir.

Oğul babaya, kız anaya yâr olur.
Erkek çocuk babasının işlerine, kız çocuk ise anasının işlerine yardımcı olur.

Oğluna güvenme koluna güven.
Her çocuk anababa hakkı bilmeyebilir.

Oğlun varsa el ekmeği tattırma, kızın varsa el evinde yatırma.
Ana baba oğlunun ihtiyaçlarını kendi karşılamalı, başkalarına muhtaç etmemeli; kızlarını ise başkasının evinde yatıya kalmasına izin vermemelidir.

Oğlan evlenince bey oldum sanır.
Oğlan ergenlik çağına girip evlendiği zaman, kendinde daha bir büyüklük ve olgunluk hisseder.

Oğlum oldu gülüm oldu, everdim elin oldu.
Ana baba erkek çocuk sahibi olduğuna ne kadar çok sevinse de evlenme çağı geldiği zaman baba evinden ayrılacağı için üzülürler.

Oğlumu ben doğurdum, ama gönlünü ben doğurmadım.
Çocuk fizik yapısı ile anne babaya benzeyebilir, ama düşünceleri ve zevkleri benzemeyebilir.

Olan oldu, olacağa bakalım.
Kişi olmuş bir olayın etkisinde fazla kalmamalı. Gelecekte

yapacağını düşünmelidir.
Olmayacak yerden savaş çıkar.
İnsan yaşamında her türlü olayla karşılaşabilir. Çalışkan ve kararlı kimse de istediği şeyi mutlaka elde eder.
Olan dört bağlar, olmayan dert bağlar.
Zengin istediği elbiseyi alır, istediği gibi giyinir, yoksul ise görür, ancak alamadığı için dertlenir.
Ortak çok olunca ziyan az olur.
Ortaklaşa ticarette kârda olduğu gibi zararda da ortaklık sözkonusudur. Böylece ortaklar daha az zarar görmüş olurlar.
Ortak gemisi yürümez.
Bir ticaret ortaklıkla yürüyorsa, zaman zaman ortaklar arasında çıkar kavgası başgösterebilir, böyle olunca da yapılan ticaret uzun ömürlü olmaz.
Ortak malda hayır yoktur.
Bir mal ortaklaşa kullanılıyorsa, her ortak o maldan daha çok yararlanmak ister. Bu yüzden o mal çabuk yıpranır ve kullanılamaz hale gelir.

Ödünç güle güle gider, ağlaya ağlaya gelir.
Ödünç para veya eşya verildiği zaman verenin de alanın da yüzü güler. Ancak para zamanında gelmez, eşya temiz alınmazsa, tarafların arası bozulur.

Öfkeyle kalkan ziyanla oturur.
Öfke ve kızgınlık iyi değildir. İnsana doğru olmayan işler yaptırır. Öfkeyle yapılan işlerin zararı, insanın kendisine dokunur.

Öğleye kadar diker, akşama kadar söker.
Bazı insanlar, beceriksizlikleri nedeniyle bir işi önce bozar, sonra da düzeltmeye çalışırlar.

Öksüz hırsızlığa çıksa, ay ilk akşamdan doğar.
Talihsiz kimse, kendi yararına bir şey yapmaya kalkışsa akla gelmedik engellerle karşılaşır.

Öksüz oğlan göbeğini kendi keser.
Yardım edeni olmayan kimse, kendi işini kendi başına yapmak zorundadır.

Öksüzü doyur da ne yapacağına karışma.
Kimsesiz, çaresiz kimselerin geçim sıkıntısından başka derdi olmaz.

Öksüzün bağrı yanık olur.
Kimsesiz insanların hayatta hiç bir beklentisi olmaz ve sürekli mutsuz olur.

Öksüze acıyan çok, ekmek veren yok.
Muhtaç, kimsesiz kişiye acıyan olur ama yardım eden yoktur.

Öküze boynuzu yük olmaz.
İnsana kendi işi ağır gelmez.
Öksüz çocuğun bağrında yağ olmaz.
Kimsesiz insanların hayatta mutlu olmaları zordur.
Öksüzün nesi olur, memesiz de büyür.
Öksüz kişiler sevgisiz ve mutsuz yaşamak zorundadır.
Öksüzün şeytanı dokuz olur.
Kimsesiz, güçsüz kişiye kötülük eden çoktur.
Öküz alırsan boyunduruk doldurursun, karı alırsan evini doldurursun.
Bir evi yuva yapan, içini dolduran, eve hayat veren kadındır.
Öküz bağıracağına kağnı bağırır.
İnsanlar yaptıkları işler neticesinde değerlendirilirler.
Ölmüş eşek kurttan korkmaz.
İnsan herşeyi yitirmişse kötü şeyler yapmaktan bile çekinmez. Bu durumda insanın korkacak bir şeyi yoktur.
Ölenleri çekiştirme, kalanları çek çevir.
Ölen birinin arkasından kötü yönlerini eleştirmemeli, geride kalanlara yardımcı olunmalıdır.
Ölmeden belli olmaz, gömmede belli olur.
İnsanın sevenleri, yakınları cenazesi gömülürken daha çok belli olur. Cenaze törenine katılanlar kalabalıksa o kimse sevilen, itibarlı bir kimsedir.
Ölüm hak, miras helal.
Herkes ölecektir, ölenin mirası da mirasçının hakkıdır.

Ölüm ile öç alınmaz.
Bir kimse öç almak istediği birisinin ölmesine öç almış gibi sevinmemelidir. Çünkü ölümden memnun olmak, insancıl duygularla bağdaşmaz.

Ölüsü olan bir gün ağlar, delisi olan her gün ağlar.
Yakın akrabalarından birisi ölen kişi, ilk zamanlarda çok üzülür, çok ağlar, ancak zamanla ağlaması azalır. Yakınlarından biri deli, ya da dertli olan kişi ise, her gün bu durumu gördüğü için sürekli üzüntü çeker, ağlar.

Ölmüş aslana tavşanlar bile hücum eder.
Zayıf düşmüş çaresiz kimseleri daha önce kendisinden çekinen kimseler bile ezmeye çalışır.

Ölü mezara, mülkü mezada.
İnsanlar öldükten sonra, malı mülkü mirasçıları tarafından paylaşılır.

Ölü ölünce ballanır.
Bir kimse ölünce akrabaları ya da sevenleri tarafından yaşarken yaptığı işler abartılarak anlatılır.

Ölü rahmet bulsun da nasıl olursa olsun.
Kaybettiğimiz, sevdiklerimiz adına hayır yapmalı, onların kabirlerinde rahat etmelerini sağlamalıyız.

Ölüden şeytan da el çeker.
Ölen insanla uğraşmayı bırakmak gerektir. Şeytan bile sağken yoldan çıkarmak için peşinden hiç ayrılmadığı kişiyi, ölünce terkeder.

Ölüm Allah'ın emri.
İnsanı yaratan da; yaşatan da, zamanı geldiğinde yaşamını sona erdiren de Allah'dır.

Ölüm bir kara devedir ki, herkesin kapısına çöker.
Ölüm herkesin yaşayacağı en acı olaydır, er ya da geç herkesin başından mutlaka geçecektir.

Ölüm döşeğinde yatan ecel teri döker.
Amansız bir hastalığa yakalanan kimse, hastalığın verdiği acıdan çok, yaklaşan ölümün korkusunu çeker.

Ölüm genç yaşlı demez.
Ölüm insanın gençliğine, yaşlılığına bakmaz, çocuk yaşta bile insanın başına gelebilir.

Ölümden öte yol gitmez, mezardan öte sal gitmez.
Canlıların yaşamları ölümle son bulur. Ölü beden ise kıyamete kadar kabrinde yatar.

Önce iğneyi kendine batır, sonra çuvaldızı ele.
Hoş olmayan davranışın kendisine yapılmasını istemeyen kimse, daha büyüğünü bir başkasına yapmamalıdır.

Öpülecek el ısırılmaz.
Saygı gösterilmesi gereken kişilere saygısız davranılmaz.

Övüngen adam en sonra önüne bakar.
Hak etmediği halde her şeyle övünenler, bir gün utanmak zorunda kalırlar.

Özenmekle hacı olunmaz.
Bir işi başarmak için istemek yetmez, o iş için gayret sarfetmek gerekir.

Padişah olsan da taht senin değil, satın alsan da kul senin değil.
Bir insan çok yüksek mevkiye bile sahip olsa, zamanı geldiğinde o yeri bırakmak zorundadır. Hizmetinde birini çalıştıran kimse de, o kişinin bütün haklarına sahip olamaz.

Padişahın bile arkasından kılıç sallarlar.
Çok güçlü, kuvvetli kişilerin hatalarını yüzlerine karşı kimse söylemez, ama onların arkalarından konuşurlar.

Paranın anası iştir.
Para kazanmanın tek yolu çalışmak, emek harcamaktır.

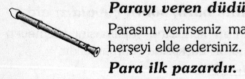

Parayı veren düdüğü çalar.
Parasını verirseniz malı alırsınız. Para ile herşeyi elde edersiniz.

Para ilk pazardır.
Satışa çıkarılan bir mala verilen ilk fiyat o mal için en uygun fiyattır.

Para dediğin el kiri.
Para sürekli el değiştirir, harcanır, kazandırır, elde durmaz.

Para her şey yapar, ama insan yapamaz.
İnsani değerler para ile ölçülmez.

Para insanı ipten kurtarır.
En tehlikeli durumlarda bile insanı para kurtarır.

Paran çoksa dostun da çoktur.
Parası çok olan kimseler, toplumda daha çok itibar görürler.
Paran gitti mi diye sormazlar, işin bitti mi diye sorarlar.
Önemli olan giden para değil, bitirilen iştir. Kişinin işi paraya bağlı ise harcamaktan çekinmemeli.
Paran kadar zekatın artsın.
Kişi para sahibi olmakla, kişilik kazanmaz. Yardımsever olmayı, hayır duası almayı da bilmelidir.
Paran varsa cümle âlem kulun, paran yoksa tımarhane yolun.
Para her şeyi yaptırır. Para bir çeşit kuvvettir. Varlıklı kişilere kul, köle olmayan insana deli gözüyle bakarlar.

Paranın gördüğü işi kimse göremez.
Nakit para kadar hiç bir şey insanın maddi sıkışıklığını gidermede etkili olamaz.
Paranın yüzü sıcaktır.
Para, parasız kişiler için çekici gelir, bu nedenle paraya kavuşan kişi her işi yapmayı kabul eder.
Paran gitti, işin bitti.
Para, bazen yapılan işin daha kısa sürede bitirilmesini sağlar.
Parası aziz olanın kendisi zelil olur.
Cimrilik yapanlar çevrelerinde hiç sevilmezler.
Parası ucuz olanın kendisi kıymetli olur.
Parasını gerektiğinde harcayabilen, etrafındakilere faydalı olabilen kişiler halk tarafından sevilir, sayılır.
Parayı araya değil, paraya vermeli.
Parayı boşuna sarfetmemeli, değerli işlere yatırmalıdır.

Parmağın girmediği yere kafanı sokma.
Bir işin olmayacağı bazen önceden belli olur, o zaman o işe girmemek gerekir.

Pancar ekse şalgam çıkar.
Şansı kötü kişi, yaptığı işlerin çoğunda kötü sonuç elde eder.

Pekmezin olsun, sineği Bağdat'tan gelir.
Kaliteli, sağlam mal satan, müşteri sıkıntısı çekmez.

Pekmez aldık bal çıktı.
İnsanın şansı iyi olursa yaptığı işlerden beklenenden daha iyi sonuçlar elde eder.

Pek yaş olma sıkılırsın, pek de kuru olma kırılırsın.
Toplum içinde huzurlu bir hayat sürebilmemiz için ne pek uysal, ne de pek sert olmalıyız.

Pek eğilme basarlar, pek yükselme asarlar.
İnsan fazla korkak olursa herkes onu ezmeye çalışır, fazla da cesur olursa yapacağı işin tehlikeli olup olmadığını göremez, bundan çoğu zaman zarar görür.

Perşembenin gelişi çarşambadan bellidir.
Bir işin gidişi o işin sonunun nasıl olacağı konusunda insana fikir verir, iyi başlayan iş iyi, kötü başlayan iş kötü sonuçlanır. Onun için işe iyi başlamak gerekir.

Pilavdan dönenin kaşığı kırılsın.
Bir konuda sonuna kadar uğraşacağımızı anlatmak için kullanırız.

Pilav yiyen kaşığını yanında taşır.
Bir şeyi elde etmeye karar veren kimsenin o şey için gereken harcamayı da gözden çıkarması gerekir.

Pişmiş aşa soğuk su katılmaz.
Kendine iyi bir çıkar kaynağı bulmuş kişi o kaynağa ters gelecek davranışlarda bulunmaz.

Pire için yorgan yakılmaz.
Ufak tefek aksilikler için daha çok zarara uğrayacağımız davranışlardan kaçınmalıyız.

Pireye kızıp kürkünü ateşe vermiş.
İnsan bazen, küçük bir şeye sinirlenip sonunda pişmanlık duyacağı davranışlarda bulunabilir.

Peyniri deri korur, kadını eri.
Deri içinde saklanan peynir asla bozulmaz. Kadın da bir erkeğin koruması altında olursa onu kimse rahatsız etmez.

Peynir ekmek, hazır yemek.
Yemek, hazırlanmak, pişirilmek ister; oysa peynir ekmek kolayca hazırlanır.

Rabbim dünyada mekansız, ahirette imansız koymasın.
Allah insanı yaşarken evsiz bırakmasın, imanını koruyarak ölmeyi nasip buyursun, öldükten sonra da cennete kabul etsin.

Rafta kurabiye var ama senin ağzına göre değil.
Her yemek herkesin zevkine göre değildir.

Rahmet düzene, lanet bozana.
Barışseverleri Allah da sever, kul da. Toplumun huzurunu bozanlar ise lanetten kurtulamazlar.

Rahvan at kendini yorar.
Kişi yaşadığı sürece, ihtiyaçlarını karşılamak için çalışıp emek harcamak zorundadır.

Ramazan bereketli aydır, ama duvardan giden kılıca sor demişler.
Eğer sonuçta büyük faydalar sağlanacaksa, bir süre küçük kayıplara ve özveriye katlanılabilir.

Rençber kırk yılda, tüccar kırk günde.
Tarlada çalışan işçinin kırk yılda kazandığı parayı tüccar kırk günde kazanır.

Rezaletle olan kârdan, güzellikle olan zarar yeğdir.

Şaibeli kazanılan para yerine dürüst yoldan zarar etmek daha iyidir.

Riyasız namaz kılanın dizi yorulmaz.

Samimi duygularla ibadet eden yorulmaz.

Rüşvet kapıdan girince, hak bacadan çıkar.

Rüşvetle, yolsuzlukla işlerin yürüdüğü bir yerde hak aranmaz.

Rüya boş gezenlerin sermayesidir.

Hayalperest insanlar hiçbir şey yapmadan kazanmak isterler.

Rüzgâra göre yelken açmalı.

Birine veya birilerine karşı bir davranışta, bir eylemde bulunacağımız zaman, önce karşımızdakinin nasıl bir tutum içinde olduğunu anlamalıyız.

Rüzgâr eken fırtına biçer.

Olur olmaz şeylere sinirlenip sürekli çevresindekilere saldıran kişi, ummadığı kadar büyük bir tepkiyle karşılaşır.

Rüzgâra tüküren kendi yüzüne tükürür.

Başarılması imkansız olan bir işte zorla direnen, boşa enerji sarf eder, kendini yıpratır.

Rüzgârın önüne durulmaz.

Toplumun uyduğu kişilere, kurallara karşı gelinmez.

Rüzgârın önüne düşmeyen adam çabuk yorulur.

Çoğunluğa uymayan, onların aksine davranan fazla direnemez.

Rüzgârlı günde pamuk atılmaz.

Kişi uygunsuz zamanda yaptığı işten olumlu sonuç alamaz.

Sabah ola, hayır ola.
Her sabah dünya yeniden kurulur, her sabah taze bir başlangıçtır.

Sabahki işini akşama bırakma.

Bir iş zamanında yapılmalıdır, ertelenen iş ertesi gün yetişmezse zor durumda kalınabilinir.

Sabaha kalan davadan korkma.
Acele gerektirmeyen bir işi, ertesi güne bırakmaya çekinme.

Sabreyle işine hayır gelsin başına.
Bıkmadan, usanmadan yapılan işlerde sonuç her zaman yüzümüzü güldürecek nitelikte olacaktır.

Sabır acıdır, amma sonu sarı altın.
Sabretmek insana sıkıcı gelir, ama böyle davranmak insana her zaman yarar getirir.

Sabır cennetin anahtarıdır.
Kişiler nefislerine hakim olup sabır gösterirlerse, günahtan korunur, Allah'ın sevgili kulu olurlar.

Sabır ile her iş olur.
Sabırlı olursak her işin üstesinden gelebiliriz.

Sabrın sonu selamettir.
Sabırlı olmanın sonu başarı ve mutluluk; aceleciliğin sonu başarısızlık ve yenilgidir.

Sabır, sabır, sonu kabir.
Gereksiz yere sabredenler hayatlarında hiçbir işi sonuçlandırmadan ölümle buluşurlar.

Sabır taşı çatladı.
Bazı işler o kadar sabır ister ki, buna her zaman dayanılamaz.

Sabırla koruk helva olur, dut yaprağı atlas.
Sabırla ümitsiz görünen işler bile başarı ile sonuçlanır.

Sabreden derviş muradına ermiş.
Sabretmeyi bilen insan amacına ulaşır.

Sabreyle gönül, elden ne gelir.
Bir şeye ulaşmak için uzun süre beklemek gerekiyorsa, sabırlı olmaktan başka yapacak bir şey yoktur.

Saç sefadan, tırnak cefadan uzarmış.
Rahatlık içindeki kişinin saçı, eziyet çeken kişinin tırnağı uzar.

Sağ elinin verdiğini sol elin görmesin.
Yoksul ve muhtaç kimselere yardım ettiğimiz zaman herkese duyurup kendimizi övmemeliyiz.

Sağ elden iyilik, sol elden kemlik bekleme.
Herkesten kötülük beklenemez, herkese güvenilmez.

Sağ gözden sol göze vefa yokmuş.
Aralarında akrabalık bağı olan kimseler bile çoğu zaman birbirlerine karşı kayıtsız kalırlar.

Sağ olana her gün düğün bayram.
Sağlığımız, sıhhatimiz yerindeyse, buna her gün şükretmeliyiz.

Sağlam kafa sağlam vücutta bulunur.
İnsanın iyi düşünebilmesi, öğrenebilmesi için öncelikle sağlıklı bir vücuda sahip olması gerekir.

Sağlık en büyük devlettir, kıymetini bilmeli.
Sağlık insanın sahip olabileceği en büyük varlıktır.
Sağlık hastalık bizim için.
Allah sağlığı da hastalığı da insan için yaratmıştır.
Sağlık varlıktan yeğdir.
İnsan sağlıklı olmadıktan sonra istediği kadar zengin olsun, yine de mutlu bir yaşam süremez.
Sağarım sütünü, okşadıkça budunu.
İnsan çıkar beklediği kişiye ne kadar çok sıcak kanlı davranırsa, o kadar çok faydalanır.
Sadaka kaza savar.
Yoksul ve muhtaç kimselere yardım etmek, insana uğur getirir ve başa gelecek çoğu tehlikeyi önler.
Sadaka selamettir.
Fakire bağış yapmak insana gönül rahatlığı verir.
Sadaka verenin ömrü uzun olur.
Başkalarına yardım eden kişiler, onların hayır dualarını alır ve iyi anılırlar.
Sadık dost akrabadan yeğdir.
Bizi gerçekten seven ve yardımcı olan dostlarımız hayırsız akrabalardan daha iyidir.
Sağ tilki ölmüş aslandan iyidir.
Çok güçlü, kuvvetli ama yaşamayan biri olmaktansa daha zayıf fakat canlı biri olmak daha iyidir.
Sağ olsun da dağ ardında olsun.
İnsan hayatta olsun da nasıl olursa olsun.
Sağ ne bilir hastanın halinden, tok ne bilir açın halinden.
Farklı durumda olan insanlar, başkalarını kolayca anlayamazlar.

Sağırlar birbirini ağırlar.
Akılsız insanlar benzer özelliklerinden dolayı aralarında çok iyi anlaşırlar.

Sağırın kulağı duymaz, ahmağın her yanı.
Sağır insan duymasa da neyin doğru neyin yanlış olduğunu bilir. Ama aptal ve akılsız kişi doğruyu ve yanlışı ayırmakta çok zorluk çeker.

Sahibine hırlayan köpek kapıdan kovulur.
Geçimini sağladığı yere, kendisini gözeten kimselere saygısızlık eden kişiye kimse iş vermez.

Sakla samanı, gelir zamanı.
Yerine göre önemsiz şeylere zaman gelir muhtaç oluruz.

Sakalına göre tarağı vur.
Yapılacak işe göre malzeme seçilmelidir.

Sanat altın bileziktir.
Kişinin mesleği ne olursa olsun onun için ölmeyecek bir geçim kaynağıdır.

Sanatın düşmanı cehalettir.
Cahil insan verimli olunacak alanlara karşı saldırgan bir tavır takınır.

Sanatını hor gören boğazına torba takar.
Yaptığı işi küçümseyen kişinin kazancı da yeterli olmaz, sonuçta dilenciden farkı kalmaz.

Sanatın yüzde doksan dokuzu terdir.
Sanatın hangi dalında olursa olsun, emek verilmeden, yorulmadan bir eser meydana getirilemez.

Sanatına güvenenin para ayağına gelir.
Becerikli kimse işsiz kalmaz. Ona ihtiyaç duyanlar kendisini bulurlar.

Sana laf getiren senden laf götürür.
Dedikodu yapan diğer insanları çekiştiren kişi mutlaka bu dedikoduları yaptığı kişiyi de başkalarına çekiştirir.

Sayılı koyunu kurt kapamaz.
Sürekli kontrolü yapılan şeylere bir zarar gelmez.

Saza saz ile söze söz ile mukabele gerek.
Kişiye başkaları nasıl davranırsa o da aynı şekilde karşılık verir.

Sebepsiz kimseyi düşman etme.
Ortada bir neden yokken kimseyi incitmemek gerekir.

Sekseninde saz öğrenen kıyamette çalar.
Bir işi gençliğinde öğrenemeyip yaşı ilerlediğinde öğrenmeye heves eden bunda başarılı olamaz.

Selin ağzı tutulur, elin ağzı tutulmaz.
Bazı olaylar önlem alınarak engellenir, fakat başkalarının konuşmasına engel olmak imkansızdır.

Sel her zaman kütük getirmez.
Emek harcamadan her zaman insanın eline fırsatlar geçmez.

Sen herkesi kör, alemi sersem mi sanırsın.
Aptallık kendini beğenmişlikle birlikte getirir. Böyle insanlar kendilerini herkesten farklı sanırlar.

Sen işi bırakmayınca, iş seni bırakmaz.
İnsan çalışmak isterse her zaman yapacak bir iş bulabilir.

Sen işlersen mal işler, insan öyle genişler.
İnsan çok çalışırsa, çok kazanır, böylelikle mal mülk sahibi olur.

Sen köprü olursan, herkes üstünden geçer.
Sen hakkını savunmazsan, herkes senden yararlanmaya kalkar.

Sen dede ben dede bu atı kim tımar ede.
Toplu halde yapılan bir işte işin zor yanlarını herkes başkasının üstüne atarsa, o iş bitmez.

Sen seni bil sen seni, sen seni bilmezsen, patlatırlar enseni.
Üzerine vazife olmayan işlere kalkışıp haddini bilmeyene, haddini bildirecek birileri çıkar.

Senden büyükle alışveriş etme.
İnsan kendisinden büyük ve akıllı kimselerle rekabete kalkışsa, zararlı çıkar.

Sevap istersen öldür yılanı, cennet istersen incitme canı.
Sevap işlemek istiyorsan kötülüğün karşısında ol. İnsanları inciten kimse, cennete giremez.

Sırtını pek tut, ayağa bakma.
Sağlığınıza dikkat edin, muhtaç duruma düşmeyin.

Su gider taş kalır, el gider kardaş kalır.
Ne olursa olsun insanlar her zaman ailelerinin yanındadırlar.

Suçu kimse üstüne almaz.
Bir insan ne işle uğraşıyorsa, başına gelebilecek her şey, hatta ölümü bile o yüzden olur.

Su çukurunu bilir.
Bir işi yapmaya istekli olan kişi o iş için gerekli ortamı mutlaka meydana getirir.

Suyu görmeden paçaları sıvama.

Bir işin gerçekleştiğini görmeden o işin olduğuna inanma.

Su uyur, düşman uyumaz.

Düşmanın sessizliğine, sakinliğine aldanmamalı. Her ne kadar sessiz görünse de, saldırmak için plan yapıp fırsat kolluyor olabilir.

Sofrada elini, mecliste dilini kısa tut.

Misafirlikte yemek yerken, yavaş davranmalı, bir toplantıda dinleyenleri sıkmamak için az konuşmalı.

Sokma akıl sekiz adım gider.

Başkalarının verdiği akılla iş gören, o işi sonuna kadar yürütemez.

Sonunu çok düşünen muradına eremez.

Hep işin kötü yanını düşenen korkak ve çekingen kimseler, hiçbir işten çıkar sağlayamazlar.

Söz sözü açar, söz de tabakayı açar.

Konuşa konuşa konu konuyu açar, uzayan konuşma sırasında ikramlar başlar.

Söz gümüşse, sükut altındır.

Konuşup bir şeyler anlatmak güzeldir, fakat gerektiğinde susmak kişi için daha değerlidir.

Söylemekten dinlemek yeğdir.

Bazen bilmeden düşünmeden konuşmak, insanı zor durumda bırakabilir. Bu yüzden az ve öz konuşmak daha yararlıdır.

Sükut ikrardan gelir.

Suçlu sanılan kişi, sorulan sorulara cevap veremiyorsa suçlu sayılır.

Şahine lokma eksik olmaz.
Hayatta zeki ve becerikli kişiler taştan da olsa ekmeklerini çıkarırlar.

Şahin ile deve avlanmaz.
Her işin bir yapılış yöntemi vardır. Bu yöntem uygulanmazsa, başarı elde edilemez. Şahin ile kuş avlanır, ama deve avlanamaz.

Şap ile şeker bir değil.
Dış görünüşü birbirine çok benzeyen iki şey farklı özelliklere sahip olabilirler.

Şaşı ile oturan sabaha kadar kör olur.
Kötü huylu kimselerle arkadaşlık eden kişi çok geçmeden en az onlar kadar kötü olur.

Şaire lazım olan bir söz, bir sazdır.
İnsanın bir işi yürütebilmesi için yeterli imkanlara sahip olması gerekir.

Şehirde eşek bile makamla bağırır.
Kültürlü ve saygın kişilerin bulunduğu çevrede yetişen kimseler görgüsüz ve kaba olmazlar.

Şeytan taşlamaktan elimiz ibadete varmıyor.
Düşman ve rakiplerle uğraşmaktan, ortaya yararlı ve olumlu bir şey koymaya vakit bulamıyoruz.

Şeytan azapta gerek.
Kötü huylu, sahtekâr kimseler cezasız kalmamalı.
Şeytan ile yemek yiyenin kaşığı uzun olmalı.
Kurnaz ve sehtekâr kimselerle iş yapanlar gözlerini açık tutmalı.
Şeytan ile ortak eken, buğdayın samanını alır.
Kötü niyetli kimselerle ortak iş yapan o işten yararlı bir kazanç sağlayamaz.
Şeytan paranın bulunduğu yerdedir.
Eğer bir işte çıkar söz konusu ise şeytan insanı kandırmak için orada hazır bulunur.
Şeytana uyup yolundan kalma, her yüze güleni dost olur sanma.
Kurnaz, sahtekar kişiler kandıracakları kimseye önce dostça yaklaşırlar, bu yüzden her yüzümüze gülene güvenip aldanmamalıyız.
Şeytandan uzak olan Allah'a yakın olur.
Her türlü çıkar karşısında iradesine sahip olup dürüst davranan insanın, Allah her zaman yanında olur.
Şeytanın dostluğu darağacına kadardır.
Kötü arkadaş insanı kötü yola sürükler, sonra ortadan kaybolur.
Şimşeği görünen buluttan korkulmaz.
Nasıl zarar vereceği belli olan şeylere karşı dikkatli önlem alınırsa, onlardan fazla korkulmaya gerek yoktur.
Şükür nimet arttırır.
İnsan şükretmesini bilirse, kazancı daha da artar.
Şükürle tarla kazılmaz.
Yalnızca şükürle iş yürümez, çalışıp ter dökmek gerekir.

T

Talih yar olmayınca elden ne gelir.
İnsanın şansı iyi değilse, her iş ters gider.
Talihli adamın düşmanı, talihsiz adamın dostu ölür.
Talihsiz insan sevdiklerini yitirir, sevmedikleriyle baş başa kalır.

Talihliye yağmur çifte yağar.
Şanslı insan için her şeyle kısmet boldur.
Talihsiz, kuyuya girse kum yağar.
Şanssız her yerde şanssızdır.
Tatlı dil çok adam aldatır.
İnsanları kandırmanın en iyi yolu, tatlı dilli ve güler yüzlü olmayı becerebilmektir.
Tamah taş yarar, taş baş yarar.
Açgözlülük eninde sonunda insanın kendisine zarar verir.
Tamahkâra "cehenneme gider misin" demişler, "maaş ne kadar" demiş
Açgözlü ve çıkarcı kimselere bir iş teklif edildiği zaman ilk önce o işten çıkarının ne olacağını sorar.
Tamahkârın gözünü toprak doyurur.
Açgözlü kimseler ne kadar çok kazanırsa kazansınlar, hep daha fazla isterler.
Tanyeri ağarınca, hırsızın gözü kararır.
Hırsızlık, soygunculuk gibi işlerle uğraşan kimseler, rahatça

hareket edebileceği ortamı bulamadıkları zaman paniğe kapılırlar.

Tatsız aşa su neylesin, akılsız başa söz neylesin.
İyi yapılmayan işi sonradan düzeltmek ne kadar zorsa, cahil insana laf anlatmak o kadar zordur.

Taşkınlığın sonu şaşkınlıktır.
Kendine hakim olamayan, her yerde kargaşa çıkaran kimseler başları derde girdikten sonra yaptıklarından pişmanlık duyarlar.

Taşı ısıramazsan, öpmek gerek.
Kişi üstesinden gelemeyeceği bir zorlukla karşılaştığı zaman fazla inatçı olmamalıdır.

Taş ol da baş yar.
İnsan tembellik edip boş boş oturacağına iyi kötü bir iş bulup çalışmalıdır.

Taş yağar, kıyamet kopar.
Felaket anında kimse soğukkanlı olamaz, herkes paniğe kapılır.

Taş yağmurdan ıslanmaz.
Zor şartlarda yetişmiş kişi, ufak tefek felaketlerden etkilenmez.

Taş düştüğü yerde ağırdır.
İnsan çok iyi bildiği işlerde iddia ve söz sahibidir.

Taş altında olmasın da dağ ardında olsun.
Ölümle ayrılmaktansa çok uzak düşüp ayrılmak daha iyidir. Çünkü uzak düşenler tekrar kavuşabilirler.

Tarih tekerrürden ibarettir.
Bugün yaşanan önemli olaylar, yıllar önce yaşanmış olayların bir benzeridir. İbret alınmadığından tekrar tekrar yaşanmaktadır.

Tayfanın akıllısı geminin dümeninden uzak durur.
Akıllı insan sorumluluğunu üstenemeyeceği işlere karışmaz.

Tavuğun sadakası bir yumurta.
Zengin olmayan güçsüz kimselerden, büyük yardım beklenilmemeli.

Tavuk yumurtasına göre gıdaklar.
Elinden fazla bir iş gelmeyen kişi, bir işi başardığında bunu herkese duyurmak ister.

Tavuğum güzel olsun da yumurtlamazsa yumurtlamasın.
Bazı insanlar güzel şeylere sırf gösteriş olsun diye sahip olmak isterler.

Tavuk su içer Allah'a bakar.
Zorda kalmış kişi kendisine yardım eden kimselere her zaman saygı ve sevgi duyar.

Tavşanı tazı tutar, çalımı avcı atar.
Üst düzey mevki sahibi kimseler buyrukları altındaki kimselerin yaptıkları başarılı işleri, çoğu zaman kendilerine mâl ederler.

Tavşan ne küçük, kulakları ne büyük.
Bazen çok iyi tanıdığımız kişilerin bile kendilerinden beklenmeyen işler yaptıklarını görürüz.

Tay babasını geçer.
Çocuk büyüdükçe güç kazanır, zamanla babasına karşı üstünlük sağlar.

Tavşan ne kadar büyük ise pahası iki akçadır.
Bazı şeylerin büyük olmaları, onların değerli oldukları anlamına gelmez.

Tavşanın çıkışından, kurdun inişinden korkmalıdır.

Korkak kimseler yalnızca çıkardıkları gürültüyle karşısındakini ürkütmeye çalışırlar. Gerçekten tehlikeli olan kimseler ise göründükleri kadar saldırgan olur ve büyük zarar verirler.

Taze bir bardağın suyu soğuk olur.

İnsan taze şeylerden daha çok zevk alır.

Tazısız ava çıkan, tavşansız eve gelir.

Hiçbir hazırlık yapmadan bir işe kalkışan, başarısızlığa uğrar.

Tazının yürüdüğünü tilki sevmez.

Beceriksiz, tembel kimseler, çalışkan ve başarılı kimseleri çekemezler.

Tek öküz çifte yürümez.

Kısıtlı imkanlarla yapılan işten verim alınmaz.

Tekdir ile uslanmayanın hakkı kötektir.

Eğitilemeyen kişiyi yola getirmenin tek yolu cezadır.

Tembel badem ceviz ister, kırmaya üşenir.

Tembel kişiler bir işe ihtiyaç duyarlar, onu bulduğu zaman da kullanmaya üşenirler.

Tembele dediler kapını ört, yel eser örter, dedi.

Üşengeç, tembel kimselerden önemsiz bir iş istense, onu bile yapmaktan üşenir.

Tembele iş buyur, sana akıl öğretsin.

Tembel insana bir işin düşsün, o işi yapmak yerine sana akıl verir.

Temiz su akar, durgun su kokar.

Akan su atılan pisliği süpürüp götürür, bu yüzden daima

temizlik getirir. Ama durgun su pisliği biriktirir. Bu yüzden kokar, bataklık olur.
Temizlik imandan gelir.
Temizlik, dinin en önemli şartlarından biridir.
Tencere yuvarlanmış, kapağını bulmuş.
Kişi kendisine uygun kimselerle dostluk yapar.
Ter dökene mi bakarsın, dil dökene mi?
Güzel konuşan, iyi sohbet eden kişiye değil; çalışkan, becerikli kişiye iş verirler.
Terlemeden Allah insana yardım etmez.
Allah çaba göstermeyen insana bol kazanç vermez.
Terazi var, tartı var; her şeyin vakti var.
Zamanında ve yerinde yapılmayan işlerde, fazla fayda bulunmaz.
Terzinin işi kötü, ama yüzünü güldüren ütü.
Bir konuda başarısız olan kişiler bir başka konudaki başarısıyla bu başarısızlığını affettirebilirler.
Terzi kendi söküğünü dikemez.
Bir meslekle uğraşan kişi bu meslekten fazla yararlanamaz, ama başkalarını en iyi şekilde yararlandırmaya çalışırlar.
Terziye göç dediler, iğnesini sapladı yakasına.
Uğraştığı meslekte fazla araç gerece ihtiyacı olmayan kişi için, bir yerden bir yere taşınmak, fazla zahmetli bir iş değildir.
Tilkinin yüz masalı varmış, doksan dokuzu tavuk üstüne.
İnsan hangi konulardan hoşlanıyorsa, konuşmalarının, sohbetlerinin büyük bölümü de o konular üzerine olur.

Tükürdüğünü yalamak yiğide yakışmaz.
Verdiği sözden dönmek, dürüst ve mert kimselerin yapacağı iş değildir.

Tok iken yemek yiyen mezarını dişi ile kazar.
Obur insanların ömrü kısa olur.

Toprağın verdiğini padişah vermez.
Toprağın insana verdiği nimet, sayılamayacak kadar çoktur.

Toprağını derin sürmeyen, eksik mahsul alır.
Toprağı ekime hazırlarken, gereken çabayı göstermeyen bol ve iyi ürün alamaz.

Toprak saban yerse, orak altın biçer.
Sen toprağını en iyi şekilde işle, o da sana bol ve iyi ürün versin.

Torbanda bulunsun da varsın ham olsun.
İnsan elindekinin pek işe yarar bir şey olmadığından yakınmamalı, fazla maldan kimseye zarar gelmez.

Tuzdan leziz, sudan aziz bir şey olmaz.
Tuzsuz yemek lezzetli olmaz, aynı şekilde su da insana en gerekli olan şeylerden biridir.

Tuzluyu yiyen suyu bulur.
Tuzlu yiyecekler insanı çok susatır, böyle yiyecekleri yiyen, susuz duramaz.

Ucuz alan pahalı alır, pahalı alan aldanmaz.
Ucuz mal alan fazla kullanamaz, gider iyisini ve pahalısını almak zorunda kalır. Pahalı alan ise iyisini aldığı için tekrar almak zorunda kalmaz.
Ucuz satan tez satar.
Ucuz mal satan daha çok ve çabuk satar, sürümden kazanır.
Ucuzdur vardır illeti, pahalıdır vardır hikmeti.
Bir mal çok ucuzsa, mutlaka sakıncalı bir yönü vardır, aynı mal başka bir yerde daha pahalıysa, diğerinden daha kaliteli ve sağlamdır.
Ucuzlukta alır, pahalılıkta satar.
Bazı açıkgöz insanlar bir malı ucuzlayınca bol miktarda alıp stok eder, pahalanınca satışa çıkarırlar.
Ulu sözü dinlemeyen uluya kalır.
Büyüklerin sözünü dinlemeyen kişi, türlü derde uğrar ve yakınıp durur.
Ulu sözü yerde kalmaz.
Atasözleri boş yere söylenmemiştir.
Ulu kimsenin adı başarılarıyla duyulur.
Herkesin saygı duyduğu ünlü biri olabilmek için önemli işler başarmak gerekir.

Umut ile yaşayan açlıktan ölür.
Hiçbir çaba sarf etmeden sadece umut ederek yaşayan kişi hiçbir şey kazanamaz.

Ustasız usta olmaz.
Kişi bir işte tecrübe kazanmak için o işi en iyi bilenlerden, o işin ustasından öğrenmelidir.

Usta hırsıza kapı baca olmaz.
Uzun süre hırsızlık yapmış ve geçimini bu yoldan sağlayan kişilerin açamayacağı kapı, soyamayacağı yer zor bulunur.

Uyku bir kantar, uyudukça artar.
Kişi uyudukça daha çok uyumak ister.

Uyku geldi neylesin yastık, karın acıktı neylesin katık.
Kişi açlığa ve uykusuzluğa dayanamaz.

Uyku ölümün kardeşidir.
Kişi uykuda yarı ölü haldedir, dünyadan habersizdir.

Uykusuz baş yastık istemez.
Uykusu olmayan kişiyi yatırmak güçtür.

Uyuz eşeğe gümüş kaşağı yakışmaz.
Değerini bilmeyenlere birtakım değerli şeyler verilmemelidir.

Uyuyan yılanın kuyruğuna basma.
Kızdırılmayınca kimseye zarar vermeyen kimseleri kızdırıp saldırgan hale getirmemeliyiz.

Üç günden fazla dargınlık olmaz.
Dargınlık ne kadar uzarsa, barışmak o kadar zor olur.
Ürümesini bilmeyen köpek sürüye kurt getirir.
Ölçülü davranmayı bilmeyen beceriksiz kişi başını sürekli derde sokar, çevresindekileri tehlikeye atar.
Üstad yanında parende atılmaz.
İnsan çok iyi bilmediği konularda o işin uzmanı olan kimselerin yanında bilgiçlik taslamamalı.

Üzümü kışın dondurursan, yazın ondurur.
Üzüm yeşermeye başladığında bağa gerekli özeni gösterirsen, mevsimi geldiğinde o bağdan istediğin gibi ürün alırsın.
Ümidin kalacağına emeğin kalsın.
Kişi yalnızca ümit etmekle kalmamalı, bu ümidi gerçekleştirmek için emek harcamalı.
Ümit kârdan ileridir.
İnsanın umutları ve hayalleri sonsuzdur. Elde edemeyeceği şeyleri bile kazanacağını umarak kendini teselli eder.
Ümitsiz yaşanılmaz.
Her insanın hayatta mutlaka ümitleri ve beklentileri vardır.

Ürkütme tavşanı aslan edersin.
Korkaklar tahrik edilince anormal derecede cesaret gösterirler.

Ürkek olma erkek ol.
Erkekliğin gereklerinden biri de cesarettir, erkeğe ürkeklik yakışmaz.

Üzüm üzüme baka baka kararır.
Her zaman bir arada bulunan kimseler birbirlerinin huylarını kaparlar. İyi kimseden iyi, kötü kimseden kötü huylar ediniriz.

Vakit nakittir.
Zaman kadar değerli bir şey yoktur. Çalışarak yani zaman kullanılarak para kazanılır, dolayısıyla zaman paradır. Onun için zamanımızı boşa harcamamalıyız.

Vakit geçer, sular durulur.
Bazı sıkıntılar, zamanla çözülür.

Vakit insana her şeyi öğretir.
Zamanla insanlar büyük tecrübe kazanırlar.

Vakitsiz açılan gül çabuk solar.
Zamansız gelen sevinç çabuk biter.

Vakitsiz misafir keseden yer.
Zamansız hareket eden insan, bunun zararını kendisi çeker.

Vaktini boşa geçiren, sonra pişman olur.
İnsan boşa harcadığı zamana, sonradan büyük ihtiyaç duyar.

Varsa hünerin var her yerde yerin.
Hünerli kişi toplumda iyi yerlerde bulunur, hünersiz kişi de her yerde başı boş dolanır. Eline üzüntüden başka bir şey geçmez.

Var eli titremez.
Varlıklı kimseler bağış yaparken, eli açık davranırlar.

Var akar, yok bakar.
Zenginler cömertçe mallarını harcarlarken, yoksulların parasızlıktan elleri kolları bağlıdır.

Verdin mi doymalı, vurdun mu koymalı.
Eğer gerçekten bir insana yardım etmek istiyorsak, bu yardım ihtiyacı gidermeye yetmeli.

Vergi Allah vergisidir.
Yardım etmek gönülden gelen bir duygudur.

Veren el dert görmez.
Yardım eden hem huzur bulur, hem de bir şekilde karşılığını alır.

Veren el alan elden üstündür.
İnsanlara yardım eden, iyilik yapan kişi, yardım dilenen, el-avuç açan kimseden daha hayırlıdır.

Verdiğin her şey senin yanında kalır.
İnsanın Allah rızasını düşünerek verdiği her şey, ahirette kendine sevap olarak döner.

Vermek kerim adam işidir.
Yoksul ve muhtaç kimselere yardım etmek, kişinin ne kadar olgun ve anlayışlı olduğunu gösterir.

Vermekle mal tükenmez.
Varlıklı ve imkanları geniş olan kişi, yardımsever ve eliaçık davranmakla yoksulluğa düşmez.

Ver elindekini ellere, sonra vur başını yerlere.
İşine yarayan malı başkasına verirsen, kullanmak istediğinde bulamazsın.

Veresiye veremem, ardın sıra gelemem. Gelirsem de bulamam, bulursam da alamam.
Borç isteyen herkese eli açık davranırsak, zamanımız alacak peşinde koşmakla geçer.
Verirsen veresiye, batarsın karasuya
Borç isteyen herkese eli açık davranırsan, kısa zamanda sıkıntıya düşersin.
Vermek kolay, ama almak zor.
Borç vermek için fazla sıkıntı duyulmaz, ama almak için çok zorluk çekilir.
Velinin bilmediğini deli bilir.
Akılsız, saf kimseler bazen öyle bir iş yaparlar ki, çoğu akıllı insan bile o işin altından kolay kalkamaz.
Vücut kocar, gönül kocamaz.
İnsan yaşlanıp eski gücünü kaybedebilir, ama arzularını kaybetmez.

Yabancı koyun kenara yatar.
Kişi tanımadığı bir çevreye giderse, önce kimseyle kaynaşamaz ve yabancı kalır.

Yabancı köpek yedi mahalleden kovulur.
Yabancı olana, kimse yardım elini uzatmaz.

Yabanın kazından köyün tavuğu iyidir.
İnsanın kendi sahibi olduğu şey, az değerli de olsa, başkasına ait en değerli şeyden daha iyidir.

Yağına kıyamayan çöreğini kuru yer.
Bir iş için gerekli olan gider, yeterli miktarda yerine getirilmelidir. Bunu yapmayan kimse, sonucun olumsuzluğuna katlanmak zorundadır.

Yağını veren Allah bulgurun aşını da verir.
Allah bir kuluna dert vermişse, bundan çıkış yolunu da mutlaka gösterir.

Yağ acı olunca, pilavı acı olur.
Bir işi yaparken kullanılan araç gereç kötü olursa, iş de kötü olur.

Yağmur diner, su durulur.
İnsanlar kendilerini olduğundan daha üstün göstermek için çaba sarf ederler. Ama bir süre sonra eski haline dönmek zorunda kalır.

Yağmurdan kaçan doluya tutulur.
Küçük bir zorluk karşısında birazcık çaba göstermekten kaçınan kişi, bu ihmalkârlığı yüzünden daha büyük sıkıntılarla karşılaşabilir.
Yel gibi gelen yel gibi gider.
Çabuk parlayan, olur olmaz her şeye sinirlenen kimselerin öfkesi uzun sürmez.
Yel esmeyince çöp deprenmez.
Bir işi başarmak için gerekli çaba gösterilmezse, o işte başarı sağlanmaz.
Yağmur yel ile, düğün el ile.
Rüzgârsız yağmur nasıl etkili olmazsa, davetsiz düğünün de bir anlamı olmaz.
Yalancının evi yanmış, kimse inanmamış.
Yalancılık kötü bir şeydir. Yalan söylemeyi alışkanlık edinmiş olan, yalancı olarak tanınan kimsenin sözlerine, gerçeği ve doğruyu söylediği zaman bile inanan çıkmaz.
Yalan kötülüklerin anasıdır.
Kötü biten olaylar genelde yalanların, sahtekârlıkların sonucunda meydana gelir.
Yalan ile iman bir yerde durmaz.
Yalan söylemek din ve ahlak kurallarıyla bağdaşmaz. Bu yüzden yalanla iş yürüten dürüst ve namuslu sayılmaz.
Yalan söyleyen unutkan olmamalı.
Yalan söyleyen kişi dikkatsiz ve unutkan davranırsa, ağzından kaçırdığı yanlış bir söz yalanını açığa çıkarabilir.
Yalan, söyleyene yüz karası olur.
Yalancı yalanı açığa çıkartıldığında güç duruma düşer ve herkese rezil olur.

Yalancının mumu yatsıya kadar yanar.
Yalancı kimse söylediği yalanı uzun süre saklayamaz.

Yalancının şahadeti tutulmaz.
Yalancı kimselere hiçbir konuda güvenilmez.

Yalancının şahidi yanında olur.
Yalan söyleyen kimse her şeyi düşünüp, inandırıcı olmak için elinden geleni yapar.

Yalancıyı kaçtığı yere kadar kovalamalı.
Yalan söylediğinden şüphelendiğimiz kişinin yalanını açığa çıkarmak istiyorsak, ona inanmış gibi görünüp sonucunu beklemeliyiz.

Yalancının ipiyle kuyuya inen, kuyu dibinde kalır.
Yalancı olduğunu bildiği halde onun sözüne inanıp bir işe girişen, o işten eli boş döner.

Yalnız yiyen sofrasını kendi kaldırır.
Kişi kendi çıkarı için yaptığı bir işten doğacak bütün sonuçlardan yine kendisi sorumludur.

Yardan geçmez, serden geçer.
İnsan birine yürekten bağlanmışsa, ne kadar acı çekerse çeksin, sevdasından vazgeçmez.

Yar kusuruna bakan, yaransız kalır.
İnsanların daima kusurlarını görmeyi alışkınlık haline getirmiş kimseler, başkaları tarafından pek sevilmez.

Yarin ayıbını yaran örter.
Dostlar birbirlerinin kusurlarını açığa vurmamalı, arkadaşlarının küçük düşmelerini engellemeli.

Yara sıcakken sarılır.
Dertlere çare zamanında bulunmalıdır.

Yanmış mal ve ölmüş baba ile iftihar edilmez.
Geçmişte var olan ama artık bulunmayan şeylerle onur duyulmaz, eldeki imkânlarla bir şeyler yapılmalı...
Yanılmayan bir Allah.
Hata yapmak insanlara ait bir özelliktir, şaşmaz adalet ve kesin doğruluk ise sadece Allah'a aittir.
Yananı Allah görür.
Derdi olan, Allah'tan yardım görür.
Yangın bacayı sardıktan sonra testi kâr etmez.
İşlerin güvenli yürümesini sağlamak amacıyla, geciktirilmeden gerekli önlemler alınmalıdır.
Yanık yerin otu tez biter.
Acı veren bir olayın etkileri kısa sürede ortadan kalkarak yerini mutluluğa bırakır.
Yapmak güç, yıkmak kolay.
Yapılan bir şeyi bozmak ve yıkmak için fazla çaba gerekmez, ama o şeyi yapmak için pek çok çaba gerekir.
Yaradan kısmetini de yaratır.
Allah bir insanı yaratırken, o insanın ihtiyacı olan tüm imkanları da beraber verir.
Yaralı kuşa kurşun sıkılmaz.
Çeşitli felâketlere uğramış bir insana, durumu hakkında söz söylemekten kaçınmalıyız.
Yarın ölecekmiş gibi ibadet et, hiç ölmeyecekmiş gibi dünyaya çalış.
İbadet sürekli yerine getirilmeli, çünkü ölüm pek yakın olabilir. Aynı şekilde çok uzun süre yaşayacakmış gibi çalışıp kazanmaya devam edilmelidir.
Yatan aslandan gezen tilki yeğdir.
Çok güçlü fakat çalışmayı sevmeyen insandan, fazla güçlü olmayan ama çalışkan kimseler daha iyi iş üretirler.

Yaydan çıkan ok geri dönmez.
Kontrolden çıkmış bir eylemi, tekrar eski haline döndüremeyiz.

Yaşat ki yaşayasın.
Eğer başkalarına yardım edersek, zor durumda kaldığımızda onlar da bize yardım ederler.

Yavru kuşun ağzı büyük olur.
Ne kadar doysa da, ihtiyaçları görülse de küçük çocukların istekleri bir türlü bitmez.

Yavru kuşun dilinden anası anlar.
Çocukla en çok ilgilenen onunla daha çok beraber olan annelerdir. Bu yüzden onların isteklerini, ihtiyaçlarını anneler daha iyi bilirler.

Yaza çıkardık danayı, beğenmez oldu anayı.
Hayırsız evlat iyi bir duruma gelince, kendisini besleyip yetiştirenlerin yüzüne bile bakmaz.

Yedisinde ne ise yetmişinde de odur.
İnsan yaşlandıkça olgunlaşsa da huyunu değiştirmez.

Yemeğini komşudan bekleyen çok vakit aç kalır.
İnsan kendi yiyeceğini kendisi kazanmalıdır. Sürekli başkalarından geçinmek isteyen, çoğu zaman sıkıntıya düşer.

Yemek buldun mu ye, dayak buldun mu kaç.
Gittiğin yerde yemek, içmek varsa utanma, otur ye; ama bir tehlike sezince de oradan uzaklaş.

Yeni testinin suyu soğuk olur.
Çok kullanılmış eski eşyaları yenileriyle değiştirmek daha faydalı olur.

Yenice eleğim, seni nerelere asayım.
İnsan yeni ve güzel bir şeye sahip olunca ona karşı duyarlı ve titiz davranır.
Yeniyi yapıp giy, eskiyi onarıp giy.
Daima her şeyin yenisini elde etmeye çalışmalıyız. Eskimiş şeyleri de tamir edip yine kullanmalıyız.
Yenile yenile yenmesini öğrenmeli.
Kişi başarısız oldukça, pes etmemeli, daha çok çalışmalıdır.
Yenmedik aşa dua kılınmaz.
Gerçekleşmesi imkansız bir şey için dilekte bulunulmaz.
Yemeyenin malını yerler
Cimri insanlar ellerindeki malı yemeye kıyamazlar, bu yüzden de o maldan yakınları veya öldükten sonra mirasçıları yararlanır.
Yemeksiz yatmak, borçlu kalkmaktan yeğdir.
Borca girip sürekli üzgün ve tedirgin yaşamaktansa, elde olanla yetinmek daha iyidir.
Yıkılana balta çalan çok olur.
İnsan güçsüz duruma düşünce, herkes ona sırt çevirdiği gibi bir de bu durumundan çıkar sağlamak isteyenler olur.
Yılanı küçükken öldürmeli.
Bir tehlikeye karşı başlangıçta önlem alınırsa, o tehlikeden zarar gelmez.
Yiğit yiğide at bağışlar.
Verilen ve alınan hediyeler, bir noktada kişilerin karakter yapılarını da yansıtır.
Yiğidin malı meydandadır.
Dürüst, yardımsever insanlar, malını saklamaz ve esirgemez.

Yiğit babasıyla anılır.
Cesur kimselerle ailesi şeref duyar.
Yiğitte yara hiç eksik olmaz.
Cesaret gösterisi bazen kanlı olabilir.
Yiyen bilmez, doğrayan bilir; doğurtan bilmez, doğuran bilir.
Bir hizmetten yararlananlar, hizmetin gerçekleşmesi sırasındaki zorluklardan habersizdir.
Yurdum yuvam köyüm, ben köyümde beyim.
İnsan doğup büyüdüğü ortamda kendini güçlü ve cesur hisseder.
Yumurtlayan tavuk bağırgan olur.
Topluma faydalı olacak işler yapanlar, haklı olarak bunlarla övünç duyarlar.
Yuvarlanan taş yosun tutmaz.
Sürekli iş ve semt değiştiren insan, doğru dürüst bir yaşam düzeni kuramaz.

Yuvayı dişi kuş yapar.
Kadın çalışkanlığıyla, tutumuyla, temizliğiyle ailenin mutlu bir yaşam sürmesinde en büyük rolü oynar.
Yüksekten uçan alçağa düşer.
Her yaptıklarını abartarak insanları küçük görenler çok çabuk saygı ve güven kaybederler.
Yüz verdik deliye, geldi çıktı halıya.
Utanmaz, cahil, karaktersiz kimselere yüz verildiği zaman daha çok azarlar.
Yokluk görmeyince, varlığın kadri bilinmez.
Hazıra konan insanlar, mallarını iyi ve verimli bir şekilde kullanamazlar.

Yol bilen kervana katılmaz.
Bir işi daha önce yapmış ve başarmış kimse, başkalarının yardımına ihtiyaç duymaz.
Yolda doğru gidene kimse dokunmaz.
Dürüst yaşayan kişilere kimse sataşmaz.
Yoldan çıkmak ayıp değil, yola girmemek ayıptır.
İnsan bazen iradesine hakim olamayıp doğru yoldan ayrılabilir, ama bu hatasını anlayıp tekrar dürüstlüğü seçen kimselere hor bakmamalıyız, asıl hatasını görmeyenleri ayıplamalıyız.
Yörük ata paha olmaz.
Değerli olan nesnelere paha biçilmez.
Yolcu yolcuyu yolda bulur.
Aynı işi yapan kişiler, bir gün mutlaka yolda karşılaşırlar.

Z

Zahmetsiz kazanç olmaz.
Kişi oturduğu yerden, çalışmadan geçimini sağlayamaz. Geçimini sağlamak için sıkıntılara katlanmak zorundadır.

Zalim olma asılırsın, mazlum olma basılırsın.
Başkalarına acı çektiren cezasız kalmaz. Sessiz ve savunmasız görünen kişi de sık sık saldırılara hedef olur.

Zalime yardım, halka zulümdür.
Kötü niyetli zalim kimselerin tarafında yer alan, toplumun düşmanı sayılır.

Zalimin ettiği yanında kalmaz.
Suçsuz ve günahsız kimselere acı çektiren, bir gün gelir, yaptıklarının hesabını vermek zorunda kalır.

Zanaat sahibi öğleye kadar aç kalır.
Bilgi ve beceri sahibi kimseler uzun süre işsiz kalmaz.

Zararın neresinden dönülse kârdır.
Bir iş zararlıysa ve zarar da sürekli oluyorsa o işten vazgeçmek gerekir. Böyle yaparsak zararımız sürüp gitmeyeceği için ondan kurtulmuş oluruz.

Zarar zehirden acıdır.
Ticaret hayatında zarar etmek, bir insanın başına gelebilecek en kötü şeylerden biridir.

Zarar ziyan insan içindir.
Kişinin kâr veya zarar etmesi, tamamiyle kendi tutumuna ve çalışmasına bağlıdır.
Zarfa bakma, içindekine bak.
Bir şeyin gerçek değeri dış görünüşünde değil, iç görünüşünde saklıdır.
Zehirden şifa, hainden vefa gelmez.
Çıkarcı, kötü huylu, alçak yaradılışlı kişilerin kimseye iyiliği dokunmaz.
Zekatın kadar malın olsun.
Yardım edenlere Allah'ın daha çok vermesini isteyen bir dilek.
Zenci yüzü, yıkamakla ağarmaz.
Kötü ruhlu ve sürekli suç işleyen kimseleri ne kadar uğraşsak da dürüst, iyi huylu hale getiremeyiz.
Zenginliğinle övünme bir kıvılcım yeter, güzelliğinle övünme bir sivilce yeter.
Zenginlik de güzellik de kalıcı değildir. Kalıcı olan, gönül güzelliğidir ve bununla övünülmelidir.
Zenginin malı züğürdün çenesini yorar.
Yoksullar, zenginlerin malını, parasını konuşur dururlar. Bu da onların çenesini yormaktan başka bir işe yaramaz.
Zengin deveye binmiş "Kadem ola" demişler, fukara eşeğe binmiş "Nerden buldun" demişler.
Zengin kişi her şeye sahiptir, malı yadırganmaz. Fakir kişi bir şey aldığı zaman hemen dikkat çeker.
Zengin dostlarının kim olduğunu bilmez.
Zengine herkes dostluk ve yakınlık gösterir, fakat o içlerinden gerçek dostlarını bilemez.

Zengine mal veren, denize su götürür.
Zengin insan her şeye sahip olduğundan ona verilen şey de önemsiz olur.

Zenginin malı, züğürdün evladı var.
Yoksulun serveti çocukları ve onlardan bekledikleri parlak gelecek umududur.

Zevkler ve renkler tartışılmaz.
Birinin hoşlandığı şeyden bir başkası hoşlanmayabilir, bu konudaki tartışmalar sonuçsuz kalır.

Zeytin dededen, incir babadan kalmalı.
Bazı ürünlerin kaliteli ve bereketli olması için, uzun süre ekip biçilmesi gereklidir.

Zora dağlar dayanmaz.
İstediğini zorla elde etmeye alışan kişilere, çok güçlü görünen kişiler bile boyun eğmek zorunda kalır.

Zorla ava giden köpek bu kadar avlanır.
Kişi istemediği bir işi yapmaya zorlanırsa, o işi baştan savma yapar.

Zorla güzellik olmaz.
Kişiye istemediği şeyler, zorla kabul ettirilmez.

Zulüm ile yapılan çabuk yıkılır.
Zor kullanılarak elde edilen şeyleri, kimse uzun süre kullanamaz.

Zurna çalanın karşısında limon yenmez.
İnsan önemli bir işe dalmışken rahatsız edilmekten hoşlanmaz. Başkalarının isteyip de yapamayacakları şeyleri sırf onları özendirip üzmek için yapmak yanlıştır.